·EXPOSITION·UNIVERSELLE·
1900

COLONIES FRANÇAISES

MAYOTTE ET COMORES

Jules CHARLES-ROUX, ancien député
Délégué des ministères des Affaires étrangères et des Colonies

COLONIES

ET

Pays de Protectorats

J. CHARLES-ROUX

Ancien député, délégué des Ministères des Affaires étrangères et des Colonies

Marcel SAINT-GERMAIN,

Sénateur, Directeur adjoint au délégué.

Yvan Broussais
Sous-Directeur

Victor Morel
Secrétaire Général

Frédéric Basset
Chef de Cabinet du Délégué

M. CASTELNAU

Ingénieur civil des mines, vice-consul de Perse,
commissaire adjoint de la colonie de Mayotte
et des protectorats des Comores à l'Exposition
universelle de 1900.

M. Émile VIENNE

Rédacteur au ministère des colonies, commissaire
de la colonie de Mayotte et des protectorats des
Comores à l'Exposition universelle de 1900.

COLONIE DE MAYOTTE
ET DE L'ARCHIPEL DES GLORIEUSES

Protectorats de la Grande Comore, Anjouan et Mohéli

Gouverneur

M. PAPINAUD (CLOVIS) ✳. O ⚫.

Secrétaire général

M. MARCHAL (CHARLES-EMMANUEL-JOSEPH).

Secrétaire-archiviste

M. GRATIAN (JOSEPH), sous-chef de bureau des secrétariats généraux, chef du service judiciaire, par intérim.

N....., résident à la Grande-Comore.

N....., résident à Anjouan.

N....., résident à Mohéli.

Archipel des îles Glorieuses

M. CALTANY, concessionnaire, chargé de la garde du pavillon.

Délégué au conseil supérieur des colonies

M. le marquis de FAYMOREAU.

NOTICE

SUR

Mayotte et les Comores

par EMILE VIENNE

Rédacteur au Ministère des Colonies
Commissaire du gouvernement de Mayotte et des Comores
à l'Exposition Universelle de 1900

M. Emile VIENNE, Rédacteur au Ministère des Colonies
Commissaire.

M. CASTELNAU, Ingénieur civil des mines, Vice-Consul de Perse
Commissaire-Adjoint.

M. SCELLIER de GISORS
Architecte.

M. MARSAC, Peintre des départements de la Marine et des Colonies.
Chargé du Diorama.

CHAPITRE PREMIER

APERÇU GÉNÉRAL SUR LE GROUPE DES COMORES

GÉOLOGIE MÉTÉOROLOGIE, FLORE, FAUNE, POPULATION ETHNO GRAPHIE, LANGAGE.

Géologie. — Le groupe des Comores (*de Comoro-là du feu*) est compris entre les 11°. et 13° de latitude sud et les 40°, 30′ et 43° 10′ de longitude orientale ; il occupe à peu près le milieu du canal Mozambique, à son entrée septentrionale, et se divise en quatre grande îles : la Grande Comore, Mohéli, Anjouan et Mayotte, disposées du Nord-Ouest au Sud-Est.

Le sol de ces îles, formées par des soulèvements et des éruptions volcaniques, est composé de basaltes, de trachytes, de laves, de scories, de pouzzolane, de ponces plus ou moins compactes, de grès, de calcaires et d'argiles diversement colorées. On n'y trouve pas de fossiles.

Il est difficile de rattacher le soulèvement des Comores à aucun système des chaines de Madagascar ou de la côte d'Afrique. Leur émersion tient aux éruptions qui ont sillonné dans tous les sens la mer des Indes et produit d'innombrables archipels. Dans le canal de Mozambique, ces éruptions ont formé tantôt des iles, tantôt comme aux environs des Comores de simples bas-fonds dont la forme semi-circulaire décèle l'origine volcanique.

Quand on étudie la marche et la durée de l'érosion de certaines falaises dont on peut facilement reconstituer les pentes, on est conduit à penser que si plusieurs parties de ces îles sont

fort anciennes, d'autres sont relativement modernes. A la
vérité, les cours d'eau sont encaissés, les dépôts d'alluvions
très épais et le littoral profondément échancré ; mais ces résultats ont pu être rapidement obtenus par les pluies torrentielles
qui, pendant sept mois chaque année, déversent sur les
Comores une masse d'eau égale à leur surface sur une hauteur de trois mètres environ et par l'action incessante des
vagues sur les débris ponceux, les tufs volcaniques et autres
couches friables du sol. Elles ne semblent pas être les restes
d'un ancien continent submergé ; car, dans les couches de
relèvement du cratère de Pamanzi, près de Mayotte, sous des
amas de déjections ponceuses, pleines de fragments de corail
et de bombes volcaniques, on voit une couche formée par des
empâtements de sable et de coquilles modernes, parfaitement
analogue aux dépôts qui se forment actuellement dans la baie.
Le soulèvement de cette couche moderne au-dessus du niveau
de la mer, où elle a été formée, et la présence du corail broyé
dans les déjections du cratère, indiquent que l'émersion de
Pamanzi, à Mayotte, a eu lieu pendant l'époque géologique
actuelle.

Plusieurs montagnes des Comores affectent des formes
géométriquement simples, comme le cône basaltique
Ouchonguï, véritable pain de sucre, le pic Combani, le
double piton de Mavégani, le morne Carré, le pic d'Anjouan, etc.

On trouve, aux environs, des prismes basaltiques. D'autres
paraissent formées par des épanchements de basaltes poreux;
les roches basaltiques sont, d'ailleurs, très abondantes dans les
Comores. On voit aussi de grosses masses de mornes superposés, comme le M'sapéré et le Mouraniombé, à Mayotte.

Toutes ces montagnes sont très charnues et couvertes de
forêts et de pâturages, nulle part, le roc n'est à nu. Enfin,
quelques-unes, notamment le volcan de la Grande Comore,

sont recouvertes d'une calotte de laves ou de scories. Il n'existe de cratères bien évidents qu'à Pamanzi et à la Grande Comore.

Ces formations ne paraissent pas s'être produites simultanément; il semble que le sol de chaque île ait été plusieurs fois remanié; les anciennes coulées sont disloquées et inclinées dans tous les sens; tout le sol est accidenté, coupé de ravins profonds et, à part quelques rares plateaux et plusieurs plages d'alluvions, il n'y a pas de plaine (1). Chaque île se compose d'une chaîne principale de montagnes basaltiques ou trachytiques et de collines secondaires, qui sortent brusquement de la mer et s'élèvent graduellement vers le centre; la plupart des collines secondaires sont des buttes de relèvement ou des coulées détachées de la chaîne principale; on y trouve des couches de grés, des roches amygdaloïdes, des laves, des tufs volcaniques, des masses d'une matière rouge ou grise, qui ressemble à de la terre cuite et exhale, sous l'action des premières gouttes de pluie, une odeur de chlore assez prononcée, des argiles, des matières arénacées, des couches d'une terre blanchâtre, légère et ponceuse, formées sans doute par des éruptions de boue, etc., etc. Souvent, des éboulements mettent à nu un sol fortement coloré en rouge, et la terre des dépôts, à l'embouchure des vallées, est généralement rougeâtre.

A Mayotte, à Anjouan, à la Grande Comore, la chaîne principale est orientée Nord-Sud. Cette chaîne se bifurque dans les deux premières et envoie des rameaux vers le Nord-Ouest. Il est à remarquer que la hauteur des montagnes va en doublant successivement du Sud au Nord pour ces trois îles; ainsi, les plus hauts sommets de Mayotte sont à 600 mètres, ceux d'Anjouan à 1,200 mètres, et ceux de la Grande Comore

(1). Sauf à Mayotte où on remarque les plaines de Combani Chingoni et Malamani.

à 2,600 mètres au-dessus du niveau de la mer. La force d'expansion dans les crevasses qui ont donné passage aux masses éruptives paraît avoir diminué graduellement du Nord au Sud.

La Grande Comore n'a pas le moindre cours d'eau; les autres îles sont mieux partagées. En effet, Mohéli, Anjouan et Mayotte ont, dans presque toutes leurs vallées, des ruisseaux d'une eau limpide et très saine; peu abondants pendant la saison sèche, ils deviennent des torrents ou de petites rivières pendant l'hivernage.

Il s'est formé à leur embouchure des dépôts d'alluvion épais de 1 à 10 mètres, quelquefois marécageux et fort malsains, mais toujours d'une fertilité extraordinaire.

Sur plusieurs points des côtes, le sable renferme du corail et est d'une blancheur éclatante, mais sur beaucoup d'autres, il provient de la destruction de roches basaltiques et trachytiques et est complètement noir, très lourd, d'un brillant métallique et extrêmement riche en nigrine ou en fer titané.

Chaque Comore est entourée de récifs et de coraux. Sur les côtes escarpées de la Grande Comore, de Mohéli et d'Anjouan, les coraux tiennent aux assises de l'île et ne s'étendent guère au large, excepté sur quelques points, où ils se sont établis sur les buttes sous-marines de relèvement et ont formé des bancs parallèles au rivage. Ils entourent Mayotte, dont le massif est beaucoup moins élevé, d'une ceinture parfaitement régulière, qui laisse entre elle et l'île un chenal, large de plusieurs milles, parsemé d'îlots et de bas-fonds.

Météorologie. — L'année, pour les Comores, est partagée en deux saisons, qui se succèdent brusquement et presque sans transition, la saison sèche et la saison humide ou hivernage.

La saison sèche, appelée aussi bonne saison, commence en mai et finit en octobre; elle est caractérisée par l'absence de

Colons en excursion dans l'intérieur des îles Comores.

grandes pluies et un abaissement sensible de la température. La végétation s'arrête faute d'humidité, l'herbe jaunit, les plantes et certains arbres perdent leurs feuilles et, sous un ciel embrasé, on est tout étonné de retrouver l'aspect froid et dépouillé des campagnes de France au mois de décembre.

Sans différer notablement, la température n'est pas la même pour les quatre îles, qui peuvent se classer ainsi par ordre décroissant : Comore, Mohéli, Mayotte, Anjouan. Pendant la saison sèche, la hauteur moyenne du thermomètre est 25° centigrades à l'ombre, avec maximum ordinaire de 29° et minimum exceptionnel de 18°. Le baromètre oscille entre 0^m761 et 0^m770; sa hauteur moyenne est 0^m765.

Pendant les mois de mai, juin, juillet, août et septembre, les vents soufflent très régulièrement. Le matin, il se lève une petite brise de Sud ou de Sud-Sud-Est qui mollit vers dix heures, passe au Sud, puis au Sud-Ouest, pour s'établir définitivement au Sud-Ouest vers une heure de l'après-midi. Cette brise fraîchit rapidement et souffle jusqu'au coucher du soleil après lequel le calme s'établit et dure ordinairement toute la nuit.

L'autre saison, appelée hivernage, se distingue par de grandes chaleurs, des calmes fréquents, des pluies torrentielles, une énorme tension de l'électricité et des orages incessants; elle commence vers le mois d'octobre avec le renversement de la mousson. Presque chaque jour le tonnerre gronde et tous les soirs l'horizon est sillonné d'éclairs. En revanche, plantes et arbres reverdissent et, quelques jours après les premières pluies, le sol disparaît sous une végétation luxuriante.

C'est pendant l'hivernage qu'ont lieu les raz-de-marée; ils coïncident souvent avec l'établissement de la mousson du Sud-Est. Les véritables cyclones, ceux pendant lesquels le vent fait le tour du compas, sont moins communs et moins violents dans les Comores qu'à la Réunion et à la côte Est de Madagascar.

Ces raz-de-marée, assez communs, mais peu violents, sont causés par les cyclones qui passent au large des Comores, comme celui de 1894, par exemple, qui faillit causer un désastre. Aucune perturbation apparente de l'atmosphère ne les accompagne ; pourtant, le baromètre les annonce, ordinairement, par une baisse de 2 à 3 centimètres. On les observe surtout au commencement et à la fin de l'hivernage.

En juin 1808, il y a eu à la Grande Comore un violent tremblement de terre accompagné d'une éruption du cratère, puis en 1829 on croit avoir ressenti de légères secousses. Mais la plus grande éruption date de 1860 ; elle manqua d'engloutir la ville de M'Roni. « J'ai visité la coulée au mois d'août 1860, « raconte M. le marquis de Faymoreau d'Arquistade, elle « descendait en ligne droite sur Mourouni ; heureusement elle « dévia dans un talweg au Nord de la ville pour atteindre la « mer. »

Enfin, en 1879-80, on signale encore un tremblement de terre suivi d'éruption, ce qui ne donne que trois ébranlements du sol pendant ce siècle. Cette stabilité est d'autant plus étonnante que le volcan de la Grande Comore donne souvent encore des signes d'activité.

En 1898, à deux reprises différentes et à deux mois d'intervalle, les 27-28 février et 26-27 avril, un cyclone d'une violence inouïe dévasta l'archipel et principalement Mayotte, où certains propriétaires eurent à déplorer la perte, en quelques heures, de plantations estimées plus de 500.000 francs.

Flore. — Le sol des Comores est d'une fertilité rare, presque prodigieuse, surtout à l'embouchure des vallées où les dépôts d'alluvion atteignent une grande épaisseur ; on peut dire qu'i n'y a pas un pouce de terre qui ne soit recouvert de végétation.

Les sommets des montagnes et les hauts des vallées sont généralement couverts de forêts ; les versants des rameaux secondaires et les plateaux, de pâturages, de bouquets de bois, d'arbres et d'arbustes isolés. Les cocotiers et les cultures occupent une partie des versants, les plateaux cultivables, les vallées et la bande du littoral.

Avant l'établissement des premiers habitants, les forêts couvraient certainement toutes les Comores ; aujourd'hui elles n'occupent guère qu'un sixième de leur surface.

La masse des forêts proprement dites est composée d'une grande variété d'arbres dont voici les principaux :

COMMUN. — *Takamaka*. — Excellent bois de construction pour boutres, pirogues, charrettes, etc...

C. Badamier. — Bon bois de construction, écorce liante.

C. Grand et petit natte. — Bons bois de menuiserie et d'ébénisterie.

RARE. — *Bois de fer*. — Dur et veiné.

R. Arbre à gutta-percha. — Trop peu commun pour être utilisé.

C. Aréquier. — Les indigènes râpent la noix pour la mêler à leur bétel.

T. R. Latanier.

T. C. Mouranda. — Faux dattier, épineux, le tronc sert pour les charpentes des cases.

C. Mouhinga. — Arbre à feuilles pointues, épineux, à fibres enchevêtrées ; on en fait des plats, des écuelles et des plateaux.

C. Rafia. — Fruit comestible ; les côtés servent à la construction des cases ; les feuilles à leur couverture ; avec le bourgeon terminal on fait de très belles rabanes, etc.

C. Tamarinier. — Bois solides pour charrettes, embarcations, etc. ; le fruit mûr est employé en infusions, comme boisson laxative et rafraîchissante.

Coin de forêt dans la montagne

R. Corail végétal. — Bon bois de construction.

C. Mourongue. — Les feuilles et les gousses sont comestibles; la racine pilée sert de sinapisme.

C. Andrèse. — Bois léger, sert pour balanciers de pirogue; écorce liante bonne pour amarrages; elle est, dit-on, fébrifuge.

C. Hibiscus. — De Madagascar.

C. Baobab. — Plusieurs individus mesurent à leur base plus de vingt mètres de circonférence; feuilles fébrifuges; fruit très riche en tanin et puissant astringent; écorce textile.

R. Ouatier. — Ouate végétale.

C. Adabou. — Bons bois de construction pour pirogues.

R. Azyme. — Bois très droit, sert pour mâts de boutres.

C. Acajou. — Blanc, de mauvaise qualité.

T. R. Palissandre. — Siendala lahi, bon bois d'ébénisterie.

C. Ebénier. — Plusieurs espèces.

C. Ficus. — Sans emploi.

T. R. Sandal. — Inférieur.

C. Mourmouroni. — Excellent bois de construction pour boutres, charpentes, charrettes, planches, etc., et de longue durée.

C. Cadoque — Fébrifuge; le fruit sert à une espèce de jeu de dames.

R. Oranger.

C. Citronnier. — Fruits petits, mais très acides.

C. Vangasailler. — Les écorces des fruits pourraient être employées pour liqueurs, etc.,,

Ces arbres, avec beaucoup d'autres à déterminer, n'ont pas été introduits par l'homme et forment, en quelques endroits, des futaies très belles. Les énormes troncs blanchâtres des baobabs, les colonnes et les racines bizarres des ficus, les lianes innombrables, parmi lesquelles la liane à caoutchouc, sous bois, les ananas, les caféiers, les piments, les bétels, les ignames, les vacouas, les aloës, les énormes fougères, donnent un caractère particulier et très pittoresque aux paysages de ces forêts.

Entre les forêts uniquement composées d'arbres indigènes et les cultures, s'étendent les pâturages et les terres à riz où sont disséminées des mourandas, des baobabs, des cocotiers, des manguiers, des rafias, des jujubiers, des ricins, des pignons d'Inde, des indigotiers, etc... Les clairières et les crêtes dénudées sont couvertes de fougères, de graminées, dont une espèce, la spartine arondinacée, atteint jusqu'à huit ou dix pieds de hauteur, et de quelques légumineuses ; une de ces dernières porte une gousse, connue sous le nom de pois à gratter, couverte d'un velours jaune, qui remplace très avantageusement l'ortie auprès des jambes des passants.

Sur la côte, les endroits marécageux sont garnis de palétuviers jusqu'à la limite de la haute mer ; il y en a deux espèces : une petite qui n'atteint que deux ou trois mètres de hauteur et dont l'écorce est excellente pour les teintures rouges ; ses branches immergées sont assez souvent couvertes de petites huîtres très délicates ; l'autre espèce, beaucoup plus grande, fournit de bon bois pour les embarcations et les charpentes. C'est sur la grande espèce que l'on trouve l'orseille. A la limite de la haute mer, croissent quelques arbustes épineux, des veloutiers et des plantes rampantes.

Les cultures renferment des végétaux introduits par les hommes, certains d'une origine douteuse mais la plupart d'introduction notoire.

Fève	Giroflier
Millet	Vétiver
Indigo	Vacoua (Var)
Aubergine (Var)	Cannellier
Tomate	Avocatier

Henné	Cacaoyer
Bois noir	Palmier (à colonne)
Filao	Palmiste
Evis	Lilas
Jacquier	Flamboyant
Pêcher	Rancoulier
Sapotte	Mimosa
Ambrevadier	Pamplemoussier
Jamrosa	Mangoustan
Ribassier	Manguier (Var)
Cerisier de Chine	Figuier
Orangine	Caféier (Var)
Mûrier	Canne
Bilimbi	Vanille
Letchi	Dattier
Acacia	Vigne

Végétaux cultivables non introduits

R. Caféier (sauvage)	C. Soryho
R. Cotonnier —	C. Pipangaye
R. Canne —	R. Cresson
C. Patate —	C. Pourpier
C. Indigotier —	T. C. Ananas
C. Igname —	

D'origine douteuse

T. C. Cocotier	T. C. Bananier
T. C. Manguier	C. Papayer

Les cocotiers, les manguiers et les bananiers existent en immense quantité, on en trouve même dans les endroits les plus sauvages des forêts.

D'introduction incertaine

Riz	Bambou
Maïs	Goyavier
Citrouille	Attier

Fougères arborescentes de Mayotte et de la Grande-Comore

Potiron   Cœur de bœuf

Haricot   Corosol

Pois   Arbre à pain

Lentille   Ravenal

Faune

Animaux domestiques introduits

Bœufs. — Deux espèces, une grande et une petite, à loupe sur le dos et à longues cornes ; quelques individus pourtant n'ont pas de cornes ou les ont mobiles et tournées vers la terre.

Chèvres. — Espèce connue sous le nom de Cabris de Surate : très grande taille, poil ras, grandes oreilles tombantes, pas de cornes, deux glandes très saillantes sous le cou. — Espèce ordinaire.

Moutons. — Deux espèces, l'une dite mouton du Cap, à laine et à grosse queue ; l'autre dite d'Aden, à poil au lieu de laine.

Chameaux. — Quelques individus introduits à Mayotte par la Compagnie des Comores ont tous péri.

Chevaux, mules, ânes, chiens, chats, cochons, lapins, dindons, oies, canards, poules, pigeons, etc.

Population

D'après un manuscrit arabe, écrit à Mayotte et fort curieux malgré les nombreuses erreurs et contradictions qu'il renferme, les Comores eurent pour premiers habitants des Induméens ou des Arabes qui s'y établirent peu après le règne de Salomon.

Ce manuscrit, traduit de l'arabe en souahéli par Saïd Omar, et du souahéli en français par Bonali Cambo, interprète du tribunal, commence ainsi :

« Voici l'histoire des temps anciens dans les îles Comores, « c'est-à-dire Garizad, Andjouan, M'Héli et M'Ayàta. Nos « aïeux nous apprirent que des quatre les îles Comores,

« Garizad fut habitée la première, après la venue du prophète
« Salomon. Ben-Daoudou, que la paix de Dieu soit avec lui!
« A cette époque apparurent des Arabes, venant de la mer
« Rouge avec leurs femmes, leurs enfants et leurs domestiques
« ou esclaves. Ils s'établirent à la Grande Comore. Après, il
« arriva beaucoup d'hommes d'Afrique, de la côte de Zangue-
« bar, pour habiter dans les îles. »

Comorienne, Malgache, Anjouannais, Makais

Ces Iduméens ou Arabes y vinrent-ils volontairement ou y
furent-ils jetés par une tempête? Il est probable que, navi-
guant le long de la côte orientale d'Afrique, ils auront été
poussés par un coup de vent sur la Grande Comore, peu éloignée du Continent.

D'un autre côté, Etienne de Flacourt, dans son histoire de
Madagascar, donne à penser que ces émigrants faisaient
partie d'une troupe plus considérable qui se serait fixée à

Madagascar vers la même époque et dont il désigne les descendants par le nom de Zaffe-Hibrahim (enfants d'Abraham) dans son énumération des peuplades malgaches.

M. Epidariste Colin a partagé ce sentiment en écrivant que Madagascar a été peuplée, depuis plus de 2.000 ans, par des Juifs, des Arabes, des Indiens, des Malais, des Cafres et des Mäkouas.

Les noirs de la côte d'Afrique qui se répandirent dans les îles Comores, après ces Sémites, étaient des Zendjes et des Chambaras qui pourraient bien être les Comr d'Ibn-Saïd.

Quelques auteurs placent l'arrivée des Arabes dans les Comores au xiiie siècle de notre ère ; on ignore sur quels textes s'appuie leur opinion, mais elle est certainement fondée, car dès la plus haute antiquité les Arabes ont fréquenté la côte orientale d'Afrique.

Antre les années 1500 et 1505 des Portugais abordèrent à la Grande Comore. « Longtemps après l'arrivée des hommes « du Zanguebar, il est venu des chrétiens de nation portu- « gaise, qui ont pris possession de Garizad. Lorsque les Portu- « gais ont établi leur autorité sur cette île, les anciens habitants « se sont enfuis et dispersés dans les îles voisines Andjouan, « M'Héli, et M'Ayàta. Ceux qui sont venus à M'Ayàta se sont « établis dans un endroit, au Nord appelé M'Chambara. » (ou M'Sambara d'où l'on a fait tard M'Zambourrou. ((Extrait du manuscrit.) Ces Portugais ne restèrent pas longtemps à la Grande Comore et ils l'avaient déjà abandonnée lorsqu'un parti considérable de Chiraziens, quittant la côte d'Afrique, ou, d'après une autre version, arrivant directement de Chiraz, vint, sous la conduite de Mohamed-ben-Haïssa, s'établir vers 1506 à la Grande Comore, Anjouan et Mohéli. Cette migration forme encore aujourd'hui la race dominante dans les Comores.

Les migrations malgaches et sakalaves suivirent de près

l'arrivée des Européens dans la mer des Indes. Peut-être commencèrent-elles plus tôt. Mais une des premières connues est celle de Diva-Mamé, un des chefs du Bouéni, qui vint avec une troupe nombreuse de Sakalaves s'établir à Mayotte, dans les premières années du XVIᵉ siècle. Ces émigrations, composées principalement de Sakalaves, devinrent fréquentes pendant les siècles suivants ; on peut les attribuer aux guerres incessantes et sans merci que se faisaient les peuplades malgaches ; il ne faut pas les confondre avec les expéditions dévastatrices que firent, pendant le siècle dernier et les premières années de ce siècle, les Sakalaves et les Antankares. Les guerres et les conquêtes des Hovas ont, depuis plus un demi-siècle, chassé du littoral de Madagascar une foule de familles qui se sont réfugiées dans les Comores, isolément et par troupes plus ou moins considérables.

Il y est même venu des Hovas, surtout à Mohéli, à la suite de Ramanatéka.

De tout temps, la traite des esclaves a été pratiquée par les Comoriens et a introduit dans les Comores une foule de nègres de toutes les tribus de Madagascar et de la côte d'Afrique, si bien qu'il est fort difficile aujourd'hui de les distinguer des nègres provenant des premières migrations spontanées. On y trouve des Makouas, des Moutchaouas, des Chambaras et des Cafres.

Depuis l'arrivée des Chiraziens de Mohamed-Ben-Haïssa, l'élément arabe s'est renforcé d'Arabes de Patta, de Zanzibar, de Mascate, de l'Yémen, etc. qui se sont définitivement établis dans les Comores. Le commerce y a attiré aussi environ 200 Indiens ou Banians de Bombay et de la côte de Malabar.

Enfin on doit mentionner ici, pour mémoire, les 500 ou 600 Européens ou Créoles établis à Mayotte, Anjouan, la Grande Comore et Mohéli.

Tous ces éléments, plus ou moins croisés et mélangés, ont

formé la population actuelle qu'on peut évaluer aujourd'hui, pour les quatre îles Comores, à environ 85.000 habitants. Au commencement de ce siècle, la Grande Comore à elle seule en possédait plus de 100.000.

Ethnographie

Prise dans son ensemble, la population sédentaire peut être ramenée à quatre types principaux : les Antalotes, les Cafres, les Malgaches et les Arabes.

Seule race purement indigène, les Antalotes proviennent du croisement des Sémites avec les premiers Africains venus dans les Comores. On comprend aussi sous ce nom les descendants des Malgaches qui se sont croisés avec les Arabes ou les Africains, enfin les descendants des Antalotes croisés avec les Africains.

Toutes ces nuances originaires se sont fondues, avec le temps, en un type particulier qui se caractérise par une grande taille, un teint jaunâtre, les cheveux crépus, la barbe rare, les muscles bien dessinés, les veines saillantes, l'œil vif, les lèvres un peu épaisses, mais sans exagération, le nez légèrement arqué avec les narines dilatées, le front haut mais fuyant, la tête s'effilant un peu au sinciput. A la Grande Comore et à Anjouan, le sang sémitique domine chez les Antalotes ; à Mayotte et surtout à Mohéli, ils se rapprochent davantage du type éthiopique par un teint foncé, un nez épaté et de grosses lèvres.

Presque tous les Antalotes ont adopté la religion et les usages des Arabes ; leur langue, véritablement la langue nationale des Comores, est un composé de mots souahélis et malgaches.

Les Antalotes forment à peu près les quatre dizièmes de la population totale.

Sous le nom général de Cafres, on comprend tous les nègres
introduits autrefois par la traite, soit de la côte d'Afrique, soit
de Madagascar, et dont il est impossible de déterminer exactement la provenance. La masse appartient aux tribus
Makoua, Moutchaoua, et M'Chambara ; on y trouve tous les
degrés du type éthiopique, depuis le nègre croisé du Souahéli

Types de Comoriens

provenant du marché de Zanzibar, jusqu'au Cafre aux dents
limées en pointe et aux tatouages bizarres.

Leurs mœurs varient avec la durée de leur séjour ; pendant
quelque temps, ils conservent les mœurs et le langage de leur
pays, mais presque tous finissent par adopter la religion et les
usages arabes.

Toutes leurs cases sont de la plus simple architecture.

Rien de plus simple aussi que le vêtement ; les hommes

portent, ou un modeste langouti, bande de toile large de quelques pouces; on la passe entre les jambes et on la relève à
l'aide d'un cordon noué à la ceinture, ou un simbou (on
appelle simbous, dans les Comores, les pièces d'étoffe roulées
autour du corps, qui servent de vêtement aux hommes et aux
femmes), bleu ou blanc, long de 2 mètres, large de 0m80, roulé
autour des reins et couvrant le corps de la ceinture aux
genoux. Les femmes se roulent sous les bras, au-dessus des
seins, un pagne un peu plus large, qui descend jusqu'au
genou; l'enfant, tant qu'il n'est pas sevré, se loge dans le pagne
du matin au soir, sur le dos de la mère qui vaque à ses occupations, pioche la terre, puise de l'eau, pile le riz, sans que
jamais le petit crie ou pleure. Presque toutes les femmes ont
la narine percée et y mettent une petite fleur ou un bouton
de métal. Toutes se percent et s'étirent le lobule de l'oreille,
qui prend parfois des proportions considérables; elles y
passent des doubles boutons en laque, en bois ou en argent,
quelquefois larges comme une pièce de cinq francs; hommes
et femmes se tatouent, les hommes surtout.

Ils ne célèbrent pas le mariage et n'ont pas de culte apparent, si ce n'est peut-être pour quelques pierres noires qu'ils
plantent en terre et qu'on rencontre autour de leur villages
dans les endroits écartés. Leurs danses consistent principalement à tourner en cercle autour d'un tam-tam pendant
plusieurs heures, tous en mesure, les coudes au corps,
secouant, en sautant alternativement sur chaque pied, des
grelots de fruits de rafia attachés autour de leurs mollets, et
chantant un air plaintif et monotone. La sueur découle de
tous les membres des danseurs et des musiciens.

On est obligé d'entretenir au milieu du cercle, un grand feu
où l'orchestre retend, à chaque instant, les peaux relâchées
de ses tambours. Leurs figures et leurs chants paraissent si
tristes, raconte un fonctionnaire de Mayotte, qu'on ne s'ima-

ginerait jamais qu'ils s'amusent. En dehors des danses, ils jouent d'une espèce de bobre fait d'une côte évidée de rafia, fixée à une calebasse, sur laquelle ils tendent une corde.

Chez les nègres des Comores, les maladies les plus communes sont l'ulcère de Mozambique, la phtisie, très rarement l'éléphantiasis, le pian, la gale, la lèpre et la dysenterie; la petite vérole leur est souvent mortelle et cause, de temps en temps, de grands ravages. Ils ne sont pas sujets aux fièvres paludéennes.

Les Malgaches purs sont surtout des Sakalaves, des Antankares, des Betsimitsaracs, types bien connus et décrits dans tous les voyages à Madagascar, et quelques Hovas, à la figure malaise ou chinoise. Fort nombreux à Mayotte et à Mohéli, qu'ils ont tenues sous leur domination pendant de longues années, les Malgaches ont à peu près conservé les mœurs de leur pays, et leurs villages sont distincts des villages arabes ou cafres. Cependant, depuis quelques années, les Arabes prennent sur eux une grande suprématie, et ils finiront par s'effacer complètement ou se convertir au mahométisme.

Ils sont généralement grands et bien faits; leur teint est cuivré; leurs cheveux, très abondants, frisent sans être trop crépus; leurs épaules, un peu trop relevées, les font ressembler aux anciens dessins égyptiens; quelques femmes malgaches sont très belles. Les hommes portent le simbou et une camisole à manches; quelquefois, au lieu de la camisole, une espèce de plaid en rabane; ils se coiffent de calottes finement tissées avec des fibres de rafia et teintes de riches couleurs végétales; leur arme nationale est la sagaie. Les femmes portent une espèce de fourreau en cotonnade, roulé au-dessous des seins et descendant jusqu'à la cheville, et un corsage à manches, appelé canezon, qui étrangle les bras et la poitrine; quelques-unes y ajoutent un lamba en écharpe. Leurs cheveux sont tressés en petites nattes, terminées chacune par un pompon, avec une natte plus grosse et plus longue en guise de queue par derrière. Comme parure, elles ont des colliers de santal, de grains d'or, d'argent ou de corail, de longues chaînes d'argent qui font trois ou quatre fois le tour de leur cou, et des bracelets d'or ou d'argent. Leurs cases, en bois de construction et en rafia, sont assez élégantes.

Chez les Malgaches, le mariage n'est pas accompagné de cérémonies particulières. Quand un garçon et une fille se conviennent, ils vivent ensemble; dès que la vie commune les ennuie, ils se séparent, partagent à l'amiable les enfants et restent les meilleurs amis du monde, excepté dans les familles de chefs, où les choses se passent un peu plus régulièrement. A Mayotte, dans presque tous les villages, il y a une école tenue par des indigènes; en effet il est rare de voir un indigène ne sachant ni lire, ni écrire. Dans plusieurs centres, il existe des écoles qui, en deux ans, donnent aux enfants une instruction primaire complète. Le prix à forfait est généralement de 15 fr., plus certaines corvées pour l'entretien de l'école et le service de l'institutrice. Tous les enfants nés dans la contrée doivent suivre les cours de l'école. On n'a pas encore réussi à leur faire apprendre à lire et à écrire en français, mais tous parlent très bien notre langue.

Il est à remarquer que la langue malgache est une langue parlée, qui n'a pas de caractères particuliers d'écriture.

Habiles pêcheurs, ils sont aussi très adroits chasseurs. Tous les cochons sauvages, qui provenaient des cochons domestiques échappés des habitations, ont été détruits en partie par les Arabes, à la Grande Comore, Anjouan et Mohéli; mais il en reste encore beaucoup à Mayotte. Ils ont même été si nombreux à un moment, que, dans les montagnes de Combani seulement, on en tuait plus de 500 par an. Les Sakalaves les chassent à la sagaie avec des chiens jaunes à long poil.

Leurs principales occupations sont l'élevage du bétail et la

culture du riz; ils emploient, suivant la nature des lieux, deux
procédés de défrichement fort ingénieux pour épargner leur
travail.

S'ils veulent cultiver une plaine ou une vallée où coule un
ruisseau, ils le barrent et inondent le terrain voisin; puis ils
font piétiner ce marais par des troupeaux de bœufs, ce qui
remplace la charrue. Une fois le sol préparé, ils laissent
écouler l'eau et plantent leur riz dans la boue. Si le terrain

La milice aux Comores.

qu'ils veulent cultiver ne peut être inondé, ils l'incendient, et
quand le feu a débarrassé la terre de tous les végétaux, ils
remuent les cendres et procèdent à la plantation. Comme ils
ne prennent jamais la précaution de circonscrire l'incendie, il
s'en suit ordinairement que le feu gagne les pâturages et les
forêts voisines et quelquefois se promène dans les îles pendant
des semaines entières. C'est à ce regrettable procédé de
culture qu'il faut attribuer le déboisement de la plus grande
partie des Comores.

Comme les Antalotes et les Cafres, les Malgaches chantent
toutes les fois qu'ils exécutent un travail d'ensemble; ils ont
l'oreille musicale et beaucoup d'imagination. Ordinairement,
un seul chante les couplets sur un rythme lent ou accéléré,
suivant les circonstances; le chœur répond en faisant des
accords.

Leurs airs sont peu variés, mais ils composent les paroles
avec la plus grande facilité.

On peut dire que les Malgaches n'ont pas de religion. « Ils
« sçavent bien, dit Flacourt, qu'il y a un Dieu, mais ils ne le
« prient ny ne l'adorent, n'ayans ny temples, ny autels; ils
« sacrifient des bœufs quand ils sont malades et qu'ils ont fait
« quelque songe qui leur fait peur. Ou quand ils ont vu en
« dormant leur père ou leur mère, ils sacrifient, proche leur
« tombeau, quelque beste dont ils jettent un morceau pour le
« diable et un autre morceau pour Dieu : tous leurs sacrifices
« ne sont en partie que pour manger de la viande, car ils
« n'adressent à Dieu aucune prière, si ce n'est quelque parti-
« culier qui sera sage et plus advisé que les autres... en lui
« demandant des richesses, des bœufs, des esclaves, de l'or,
« de l'argent et des choses temporelles ; mais pour les spiri-
« tuelles, ils n'y pensent point. »

« Ils ne pratiquent, dit M. le docteur Monestier, qu'un
« fétichisme grossier, quoique généralement ils aient l'idée
« d'un Dieu juste et rémunérateur. Les rares Malgaches qui
« ne sont ni christianisés, ni arabisés, reconnaissent un bon
« et un mauvais principe, aiment le surnaturel comme tous
« les gens naïfs et se font exploiter par les sorciers comme les
« Africains. Mais au fond de tout cela, il règne une profonde
« insouciance; leur horizon est très borné, et du moment que
« l'avenir terrestre ne semble pas les préoccuper, que leur
« fait un avenir plus ou moins éloigné? Manger, boire,
« dormir, chanter, danser, satisfaire les besoins essentiels de

« la vie matérielle, voilà le cercle de leurs préoccupations.
« Nous exceptons de ce tableau les Betsimitsaracs de Sainte-
« Marie, transportés à Mayotte; chrétiens, pour la forme au
« moins, ils s'assimilent aux Européens; mais trop souvent,
« sous des apparences honnêtes, ils cachent le fond le plus
« pervers. »

S'ils ne connaissent aucun lien moral, ils sont, en revanche

Types d'indigènes des Comores

extrèmement superstitieux. Sur la route d'un de leurs villages,
à Mayotte, il y avait encore, il y a quelques années, une
grosse pierre pour laquelle ils semblaient avoir une dévotion
particulière, car elle était toujours couverte de fleurs, de
colliers, de grains de fruits, quelquefois même de pièces de
monnaie. Il est vrai que cette pierre se trouvait à côté d'un
cimetière et qu'ils ont une peur horrible des morts; ces
offrandes provenaient, sans doute, des passants attardés. Leur
frayeur des morts est telle que, malgré leur tendance à

toujours mentir, on peut être assuré qu'ils disent la vérité quand ils invoquent leurs parents ou leurs amis défunts.

Ils enterrent leurs morts sans leur faire de mausolées et entourent seulement d'une ou de deux rangées de pieux, plantés en carré, l'endroit où ils reposent. Quelquefois, ils plantent autour de la fosse une rangée de baguettes vertes, qui poussent et forment un bouquet d'arbres. Pour les grands personnages, chaque année, à l'anniversaire de la mort, la famille et les amis se réunissent autour du tombeau et font des cérémonies.

Aujourd'hui, les Malgaches, qui ne rentrent pas dans la classe des Antalotes, comptent pour un vingtième environ, dans la population totale des Comores.

Répandus dans les quatre Comores où ils exercent une suprématie incontestable sur les Malgaches et les Africains, les Arabes présentent tous les degrés de dégénérescence du sang sémitique, depuis le descendant des Chiraziens offrant le pur type de la famille arabe, jusqu'au Souahéli de Zanzibar assez voisin du nègre. A Mayotte et Anjouan, où les Arabes ont de fréquents rapports avec les Européens, leur caractère est sociable et assez honnête. On pourrait leur reprocher leur rapacité, leur orgueil et le peu de sympathie qu'ils éprouvent pour les Européens ; mais ces défauts sont si habilement dissimulés sous une apparence de bonhomie, d'humilité et de dévouement, qu'il faut les bien connaître pour deviner le fond de leur pensée. A la Grande Comore et Mohéli, ils sont farouches, méfiants, et ont gardé quelque chose de leur ancienne férocité. Quant à la probité dans les contrats, ils ne sont pas aussi malhonnêtes qu'on pourrait le croire ; certainement, ils cherchent plutôt leur propre profit que celui de leur prochain, mais ils ne sont ni plus ni moins arabes, sous ce rapport, que beaucoup d'Européens.

Très peu de personnes, dans les Comores, parlent et écrivent la véritable langue arabe ; l'immense majorité parle et écrit en souhahéli.

Le costume des Arabes se compose d'un simbou roulé, couvrant de la ceinture au genou, d'une longue robe blanche ou jaune, à manches, fendue et boutonnée sur la poitrine et descendant jusqu'au dessus de la cheville, d'un turban, d'une paire de sandales plates et d'un chapelet. Mais la plupart y joignent un gilet sans manches, noir, rouge et vert, plus ou moins richement brodé. Les gens aisés portent sur la robe un ample pardessus à manches, de drap noir ou rouge, orné de passementeries de soie et d'or. Quelques grands personnages portent, dans les réceptions, le pantalon et la veste turcs ; mais ils font exception. La large ceinture n'est pas d'un usage général ; on ne la met que les jours de cérémonie et on y passe le Kandjiar, poignard à lame recourbée qui est l'arme de luxe des Arabes ; beaucoup de kandjiars ont des poignées en corne de rhinocéros, incrustées d'or d'un beau travail et d'une grande valeur. Quand ils sortent, ils ont ordinairement sous le bras un sabre long et droit, sans pointe, à deux tranchants, à poigne effilée, ornée de filigrane d'argent et terminée par une boule, avec un fourreau de bois recouvert d'étoffe ou de maroquin ; quelques-uns ont un long sabre, à poignée de fer ouvragée. Les armes à feu sont rares et ils ne les portent ordinairement pas avec eux.

Les femmes arabes se vêtent d'une large pièce d'étoffe roulée sous les bras au-dessus des seins et descendant jusqu'au dessus de la cheville ; une même pièce, drapée, recouvre les épaules, les bras et sert de capuchon quand elles sortent. Elles ont un faible pour les bijoux et se chargent d'anneaux, de bagues énormes, de colliers de sandal, de corail, d'ambre, de grains d'or ou d'argent, avec des médaillons pour les amulettes, de boutons d'or ou d'argent qu'elles placent dans le lobule, à l'oreille percé et distendu pour cet usage ; elles se mettent, en

3

outre, au-dessus des chevilles, des mouilles ou d'énormes
bracelets d'argent repoussé. Leurs pieds sont toujours nus.

Aux jours de fête, les élégantes portent un large pantalon,
serré à la cheville, à raies de diverses couleurs, mais où le
rouge domine, un corsage à manches courtes, en étoffe riche,
et un lamba en écharpe. Avec ce costume, elles se mettent
une calotte dorée sur le sommet de la tête et relèvent leurs
cheveux sur le chignon, ou en font deux grosses nattes qu'elles
laissent pendre sur le dos; beaucoup ont adopté la mode
malgache et les tressent en petites nattes, tout autour de la
tête. En dépit du Coran, toutes les femmes arabes ne se font
pas raser la tête; les jeunes filles conservent très bien leurs
cheveux; quelques rigides et les vieilles surtout, se font scru-
puleusement raser et s'affublent d'affreuses calottes à oreilles.
Elles se rasent aussi les sourcils et les remplacent par du noir
de fumée. Celles qui sont à peu près blanches se peignent le
tour des yeux en bleu foncé; les noirs se font, avec un pinceau,
des croissants, des perles ou des rosaces, blanches ou jaunes,
au front et aux joues. Quelques-unes ont la narine percée et y
mettent un petit bouton d'or semblable à une fleur de myosotis.
Toutes se teignent les ongles et la paume des mains en rouge,
avec du henné.

L'accessoire obligé du costume est une longue tabatière, en
cuivre pointillé, à trois compartiments, pour le bétel, la chaux
et l'areck; car toutes ces dames chiquent. Du matin au soir,
elles mâchent un mélange de feuilles de bétel, de noix d'areck
râpée et de chaux pilée qui leur ronge et noircit les dents, et
lancent perpétuellement d'énormes crachats rouges. Les
hommes, du reste, partagent le goût des femmes pour chiquer
le bétel; ils fument aussi du chanvre et du hatschich; ils
chiquent le tabac, le fument rarement.

Quand les femmes sortent, elles se voilent avec un lamba
qui leur couvre la tête et les épaules; quelques rares familles

ont conservé l'usage du masque carré couvrant la figure jusqu'au menton, avec une fente à la hauteur des yeux.

A part quelques villes bâties en pierres ou en béton, les maisons sont généralement construites en bois, rectangulaires et n'ont qu'un rez-de-chaussée ; les poteaux et les poutres sont en cocotier, les murs en côtes de rafia juxtaposées verticalement, reliées par d'autres côtes disposées transversalement, à un pied l'une de l'autre, de façon à former extérieurement de petits panneaux carrés ; la toiture à deux versants est en chaume ou en feuilles de cocotier tressées et superposées. Toutes les maisons ont, sur le devant, une varangue et, sur le derrière, une cour plantée de cocotiers, dattiers ou d'autres arbres fruitiers, et entourée, jusqu'à hauteur d'homme, d'une palissade en feuilles de cocotier nattées et cousues ensemble qui arrête les regards indiscrets des passants. A l'intérieur, une cloison partage la case par le milieu ; la première pièce, meublée de quelques kibanis et de chaises, sert de salle de réception et de chambre à coucher pour l'homme ; l'autre, séparée en deux par une autre cloison, forme le logement de la femme ; elle renferme ordinairement un lit élevé, à baldaquin avec rideaux, des kibanis, quelques étagères, des nattes, des miroirs, etc. Cette pièce ouvre sur la cour fermée où se tiennent pendant la journée les femmes, les enfants et les domestiques ou engagés, occupés à piler le riz, faire la cuisine, tisser des pagnes, des nattes et des rabanes, et surtout à chiquer le bétel. La case ne reçoit la lumière que par les portes ; il n'y a presque jamais de fenêtre. Dans la journée, les hommes fument le hatschich, assis sur des nattes sous la varangue, causent entre eux, jouent aux dames et aux cartes, ou vaquent à leurs occupations.

Pour les Arabes, la religion est le principal mobile de la vie ; tous leurs actes sont réglés par le Coran dont ils suivent aveuglément et très rigoureusement les prescriptions ; presque tous appartiennent à la secte d'Ali. La suprême ambition de chaque Arabe est de faire, au moins une fois dans sa vie, le pélerinage de la Mecque; et de fait, plusieurs y parviennent. En attendant, ils se font circoncire, se rasent la tête, portent toute leur barbe, font leurs ablutions très régulièrement, se prosternent vers la Mecque aux heures de la prière, ne mangent pas de porc, ne boivent de vin qu'en cachette et observent rigoureusement les jours de jeûne. Dans leur jeunesse, ils ont des allures assez dégagées, mais, dès qu'ils commencent à grisonner, ils ne marchent plus que lentement, avec un long bâton, les yeux baissés, égrenant leur chapelet et marmottant continuellement des prières. Ils n'ont pas de lieux de réunion, mais ordinairement ils se rassemblent le soir devant les mosquées, avant le chant du muezzin.

Très superstitieux, les Arabes croient aux philtres pour se faire aimer, obtenir de l'influence sur quelqu'un, ou se faire donner un cadeau ; ils achètent à des sorciers des amulettes ou des talismans : ce sont ordinairement des écrits mystérieux enveloppés dans un morceau de toile qu'ils se cousent en bracelet, autour du bras.

A l'époque des fêtes, les tam-tams sont très fréquents ; il y en a d'ailleurs toute l'année dès qu'il se trouve une personne assez généreuse pour payer les musiciens et régaler les danseurs. Ceux-ci se forment sur deux files, serrés les uns contre les autres et emboîtent le pas ; ils font des contorsions à droite et à gauche, tous en même temps, tournent sur eux-mêmes, gesticulent avec des sabres, des fourreaux, des bâtons, ou simplement avec les bras ; les deux rangs se rapprochent. s'éloignent alternativement et parcourent lentement les rues les plus larges du village. Les hommes vont les premiers, les femmes suivent, frappant des baguettes et faisant entendre un sifflement strident et prolongé ; ce sont surtout les femmes de service ou d'un rang inférieur, car les femmes d'un certain rang ne paraissent pas dans les processions. Tout cela marche

Maison d'habitation d'un colon à Mayotte

en cadence, se balançant avec la plus grande gravité ; quelques voix chantent les couplets, tous répondent le refrain avec assez d'harmonie ; le chant est, du reste, presque couvert par un tapage assourdissant de tambours, de cornemuses, de clarinettes, de plateaux de cuivre, de cornes, de conques et de crécelles.

Dans chaque fête un peu brillante, les commissaires se tiennent hors des rangs avec une palme et un aspersoir, en argent ou en cuivre, avec lequel ils arrosent d'eau de rose les curieux et les passants.

Entre les rangs, après l'orchestre, la personne qui donne le tam-tam marche gravement avec ses intimes, entourée de domestiques qui portent des plateaux et jettent du riz en l'air comme on jette des fleurs dans nos processions. La danse se termine par un repas. Quelquefois ils font l'exercice du sabre ou du bâton ; deux partis se rangent en face ; deux champions se détachent, se portent quelques coups en mesure et en dansant, puis font place à deux autres et ainsi de suite.

Ils sont assez adroits, car malgré la cohue il n'arrive presque jamais d'accidents. Pour ce jeu, ils ont à la main gauche un petit bouclier rond, en peau de rhinocéros, qu'ils frappent du plat de leur sabre.

Un jeu intéressant est celui du bœuf ; on attache un jeune taureau par le cou avec une longue corde passée, mais non nouée, autour d'un poteau très solide, ce qui lui conserve sa mobilité ; l'orchestre joue et une nuée de danseurs s'avancent autour du taureau, faisant des contorsions et l'agaçant. Lorsque le taureau charge un groupe, quelques-uns attrapent le bout libre de la corde et tirent, pendant que d'autres font une diversion. Quelquefois le taureau emporte la corde, et alors c'est un sauve-qui-peut général, mais ils la rattrapent bien vite et très adroitement.

Leur nourriture se compose de riz, d'œufs, de légumes, de

fruits, de viande, de bœuf et de cabris, de volaille et de poisson. Quand ils veulent tuer un bœuf, ils le tournent vers la Mecque ; le sacrificateur invoque Allah miséricordieux et lui tranche la tête. Ils ont en horreur les chiens et les cochons qu'ils détruisent tant qu'ils peuvent ; et si, par hasard, ils sont touchés par un de ces animaux, ils courent bien vite se purifier.

Ils peuvent épouser légitimement jusqu'à quatre femmes, à condition pourtant de pouvoir leur fournir à chacune une chambre séparée ; le nombre des concubines est indéterminé. Se marier veut dire acheter une femme, car c'est un véritable marché ; le cœur ou la volonté de la femme n'y est pour rien, aussi les divorces y sont-ils très fréquents.

Une chose pourtant retient maris et femmes, c'est la considération de la dot qu'il faut liquider.

Les riches seuls, ou tout au moins les personnes aisées, peuvent se marier légitimement ; les prolétaires vivent en concubinage ; les avortements sont très nombreux, et si l'on y joint le vice habituel des Arabes, qu'ils ont importé dans les Comores comme dans tous les pays où ils se sont répandus, on reconnaîtra que sous les dehors les plus austères et les plus purs, cette société arabe cache une profonde dépravation morale.

Ce sont les femmes qui élèvent les enfants jusqu'à l'âge de cinq ou six ans ; on les envoie alors à l'école où, assis par terre, ils répètent leur leçon à haute voix tous à la fois ; on leur apprend à écrire le souahéli sur des tablettes de bois, avec des roseaux ou des bambous taillés et une encre faite de noir de fumée ; quand les tablettes sont couvertes, on les racle.

Lorsqu'un enfant sait lire le Coran, écrire le souahéli et compter, son éducation est parfaite. Depuis notre occupation, des écoles françaises ont été instituées et commencent à donner de bons résultats.

Celui qui doit apprendre un métier fait son apprentissage chez un maître ouvrier.

En fait de métiers, on ne rencontre dans les Comores que des charpentiers, maçons, bijoutiers, forgerons, tailleurs, savetiers et patissiers ; les nattes, pagnes, calottes, paniers, colliers, etc. que l'on exporte, sont faits dans les maisons particulières. Les bijoutiers surtout sont très habiles ; ils ne sont pas adroits à buriner une masse de métal, mais leurs ouvrages au repoussé, en incrustation ou en filigrane, sont élégamment confectionnés.

Quand ils n'ont pas recours aux sorciers, dans leurs maladies, ils s'adressent à des empiriques dont les pratiques ont des origines raisonnées, mais ceux qui sont aujourd'hui dépositaires des recettes seraient bien embarrassés pour les expliquer. On ne connaît pas au juste la composition des breuvages qu'ils ordonnent dans certains cas ; ils font des ventouses par succion avec une corne de bœuf percée et les scarifient ; ils connaissent l'emploi des attelles brisées pour les fractures, cautérisent les ulcères avec le sulfate de cuivre ou des applications à base végétale, et crépissent les varioleux d'une pâte de composition inconnue. Les maladies internes et locales se traitent par l'application d'une pâte jaune sur la partie du corps où siège le mal.

Les Comoriens enterrent leurs morts et leur font des mausolées plus ou moins riches suivant l'importance du défunt. Autrefois, les tombeaux que construisaient les Arabes étaient beaucoup plus élégants que ceux qu'ils élèvent aujourd'hui. On voit encore à Mayotte et à Mohéli, les tombeaux des premiers Sultans chiraziens, ils sont tous bâtis dans le même genre et ne diffèrent que par l'ornementation.

Celui d'Haïssa, à Mayotte, est un cube creux en ciment avec socle, corniche et couronnement, éclairé à l'intérieur par des ouvertures en forme de trèfle. Il était orné d'applications de porcelaine à fleurs bleues, dont il reste des fragments.

Sur le Morne de *Fongonzon*, à Mayotte, on voit quelques sépultures rectangulaires, en pierres taillées, plantées dans le sol ; l'intérieur du tombeau est éclairé par deux échancrures, en forme de V, et couvert par une grande pierre taillée en dos d'âne.

Pour les Arabes de basse classe, on se contente de planter verticalement, autour de la fosse, un cordon de pierres plates, disposées en ellipse ; on remplit l'intérieur de cette ellipse avec une espèce de béton rouge, et on place au-dessus un coquillage ou un fragment de sajoie. Ces précautions, sans utilité à Mayotte où il n'y a ni hyènes, ni chacals, ont été probablement inspirées, dans l'origine, par la crainte de voir les corps déterrés par les animaux carnassiers, qui sans doute existaient à cette époque.

La justice est rendue par des Cadis, tous Arabes et mahométans, mais les causes graves sont jugées par les Sultans, en présence de leurs Cadis et des Seigneurs assemblés en Kabar. Le seul texte de loi est le Coran ; quelques Cadis ont des recueils manuscrits de jurisprudence musulmane ; leurs arrêts sont généralement sages. Malheureusement, ils achètent leur place et, pour se rembourser, ne demandent qu'à se laisser corrompre ; aussi est-il bien rare que le plus riche plaideur n'ait pas raison.

Le commerce et la navigation ont été introduits dans les Comores par les Arabes. Les Comoriens ne construisent et n'emploient que des boutres. Cette sorte de bateau est répandue dans toute la mer des Indes et bien connue avec son mât unique penché sur l'avant, sa grande voile latine, son château d'arrière, sa proue relevée et ornée à son extrémité d'une palme ou d'une volute, comme les galères antiques. On les distingue d'après les formes de l'avant : en baala, boutres à proue al-

longée ; handja, à proue recourbée et baiden, à proue taillée
verticalemement.

Depuis plusieurs siècles, les Comoriens parcourent, avec
ces boutres, les ports de Madagascar, de la côte d'Afrique et
de l'Inde. Ces boutres jaugent de 5 à 90 tonneaux ; presque
tous sont munis de compas ; bons marcheurs quand ils ont le
vent arrière ou grand largue, ils ne peuvent gagner dans le
vent parce que, obligés de se servir du vent pour changer la
voile, ils virent vent arrière et perdent pendant la manœuvre
ce que la bordée leur fait gagner.

Lors de l'arrivée des Européens dans la mer des Indes, les
Comoriens se servaient aussi de barques cousues comme les
Chelingues de l'Inde ; mais cet usage a disparu. Leurs pirogues sont de deux sortes : les unes sont faites d'un seul tronc
de takamaka, creusé au feu et à la gouge en ménageant les
encoches des bancs et l'emplanture du mât ; elles sont arrondies et terminées, à chaque extrémité, par une pomme qui
sert à amarrer la voile, faite de rabanes ; cette espèce de
voile, forte et légère, a l'avantage d'augmenter très peu de
poids lorsqu'elle est mouillée ; les cordages sont en brou
de cocotier. Ces pirogues, pontées en avant et en arrière,
ont de six à dix bancs, et, suivant leurs dimensions, peuvent
contenir de deux à vingt personnes. Avant de les mettre
à l'eau, on les imprègne d'huile de requin. Toutes ont un
balancier sur lequel passe une partie de l'équipage lorsqu'on marche à la voile et que le vent fraîchit ; sans cette
précaution, la pirogue chavirerait ; lorsque le balancier est
sous le vent, deux hommes passent sur les perches de soutien
du balancier, qui dépassent la pirogue d'environ 1 m. 50.

L'autre espèce, appelée la Kampiar, est faite de plusieurs
morceaux ; elle est très étroite, taillée en lame de couteau et
ne pourrait tenir sur l'eau sans balancier ; on lui en donne
ordinairement deux ; l'avant très effilé et légèrement relevé se

termine par un tranchant vertical surmonté d'une volute ; souvent on y peint deux grands yeux qui lui donnent l'air d'un poisson ; elle marche également à la voile et à la pagaie, mais elle n'est pas capable de tenir contre une grosse mer, comme l'autre peut le faire.

Avec les pirogues d'une seule pièce, les noirs passent fréquemment d'une Comore à une autre ; quelquefois même des pêcheurs sont arrivés à Madagascar de Mayotte dans de semblables pirogues, faisant en pleine mer et par de gros temps, un trajet d'une centaine de lieues.

Avant l'installation des Européens, les Comores ne produisaient aucun article d'exportation, mais leurs bateaux transportaient en Arabie les produits de Madagascar et de la côte d'Afrique.

Le principal commerce des Comoriens avait toujours été la traite des esclaves.

Autrefois, ils allaient les vendre dans les ports de la mer Rouge ; mais vers la fin du siècle dernier, et jusqu'à l'établissement des Français à Mayotte, ils les apportaient de Madagascar et de la côte d'Afrique dans les Comores, où les négriers Européens venaient les chercher. Aujourd'hui que les boutres ne peuvent plus se charger qu'en secret, et très difficilement, de cette lucrative marchandise, et qu'ils ont de sérieux dangers à courir en faisant la traite, ils se bornent à transporter du riz, des bœufs et des rabanes de Madagascar, et vont chercher à Zanzibar et à Bombay des produits manufacturés qu'ils consomment dans les Comores ou échangent à Madagascar.

Les Arabes (purs de tout mélange avec les Malgaches) ne représentent qu'un sixième environ de la population totale.

Langage. — Du souahéli et du malgache, il s'est formé dans les Comores un idiome véritablement indigène, l'antalote, qui renferme, en outre, plusieurs mots cafres. L'antalote est à peu près exclusivement parlé dans les campagnes et les villages ; les villes parlent souahéli.

. Bien que les caractères souahélis aient été empruntés à la langue arabe, il y a de telles différences, dans la manière d'écrire cette langue et ce dialecte, qu'un arabe ne peut pas lire le souahéli, et réciproquement un Souhali, l'arabe, à moins d'en avoir fait une étude spéciale ; cela tient à ce que les mots souhaélis sont hérissés de points et d'accents qui ont une signification particulière et remplacent les voyelles. Le souahéli des Comores n'est, du reste, qu'un patois de celui de Zanzibar.

CHAPITRE II

ORGANISATION ADMINISTRATIVE

Rapport au Président de la République française

Paris, 9 septembre 1899.

Monsieur le Président,

La colonie de Mayotte et nos protectorats des Comores ont
été organisés par un décret du 6 juillet 1897.

Aux termes de cet acte, un administrateur résidant à
Dzaoudzi est chargé de toutes les parties du service intéressant la colonie de Mayotte et exerce seulement la surveillance
politique des protectorats dont l'administration est confiée à
des administrateurs relevant directement du ministre des
Colonies.

Ce régime a présenté deux inconvénients : les administrateurs des protectorats, échappant facilement au contrôle du
département, ont été livrés à eux-mêmes, et le lien qui les
attache, en ce qui touche les questions politiques, à l'administrateur de Mayotte, ne limitant leur initiative à aucun
degré, est devenu purement nominal.

Frappé de ces faits, mon prédécesseur avait chargé un
inspecteur des Colonies d'étudier sur place les modifications à
apporter à ce régime.

Les conclusions de ce fonctionnaire, ainsi que les récents
événements qui se sont produits à la Grande Comore, ont
montré combien il est urgent d'améliorer l'organisation
actuelle.

C'est dans ce but que j'ai fait préparer un projet de décret qui me paraît de nature à assurer l'administration régulière de l'archipel des Comores.

Dorénavant, les protectorats devront être administrés par des fonctionnaires placés sous l'autorité directe d'un gouverneur résidant à Mayotte et chargé tant de la direction administrative que de la direction politique de l'archipel.

Relevant d'une façon étroite de ce gouverneur, les administrateurs des protectorats seront ses délégués et pourront d'autant moins échapper à son action, que les questions principales intéressant les territoires qu'ils administrent devront être discutées dans un Conseil d'administration, où les protectorats seront représentés par des habitants notables.

Cette organisation sera complétée ultérieurement par des règlements spéciaux au service de trésorerie et à la répartition de la justice dans l'archipel.

Les réformes apportées à l'organisation actuelle, tout en accordant aux intérêts de tous plus de garanties, ne se traduiront pas par des augmentations de dépenses, mais par des économies.

Si vous voulez bien revêtir de votre signature le projet de décret ci-joint, je ferai préparer, après entente avec mes collègues de la justice et des finances, les règlements s'appliquant au régime judiciaire et au service de trésorerie de l'archipel.

Veuillez agréer, monsieur le Président, l'hommage de mon profond respect.

Le ministre des Colonies.
Signé : Albert DECRAIS.

CARTE
DES ILES COMORES

Echelle de

GRANDE COMORE

Mitsamiouli

Mtsangaoni Ikoni

Hantsindzi

C A N A L   D E

Trudjini
M'Roni
Itsani

Récif Vailheu

Moumbéni

Chiroumbili
Fumboni

Choindzi

MOHÉLI

Fomboni

Kunéa

I. Mechaco

I. Canzioni

I. Siani

La Selle
Moutsamoudou

Patsy
Mitsoudje

ANJOUAN

Bambao
Anjouan

Sima
Assimpao

Pomoni

Doumoni

M O Z A M B I Q U E

OCÉAN INDIEN

I. M Zamburu

MAYOTTE

I.Providence

C. Delgado

I'Glorieuse

C. d'Ambre

MOZAMBIQUE

Anjouan
Mohéli
Mayotte

Canal de

Mozambique

MADAGASCAR

Majunga

Dzaoudzi
Pamanzi

Décret portant organisation de la colonie de Mayotte et des protectorats des Comores.

Le Président de la République française,

Sur le rapport du ministre des Colonies;

Vu l'article 18 du sénatus-consulte du 3 mai 1854 sur la constitution des Colonies;

Vu le décret du 20 novembre 1882 sur le régime financier des Colonies;

Vu le décret du 21 mai sur les pouvoirs des gouverneurs et les attributions des secrétaires généraux;

Vu les décrets des 14 juillet 1877, 5 septembre 1887, 23 janvier 1896 et 6 juillet 1897, relatifs à l'organisation de Mayotte et des protectorats des Comores;

Vu les traités des 26 août 1886, approuvé par décret du 11 juillet 1886, 6 et 8 janvier 1892, passés entre les sultans de Mohéli, de la Grande Comore, d'Anjouan et le gouvernement de la République française;

Décrète :

Article premier

L'administration de la colonie de Mayotte et de l'archipel des Glorieuses, ainsi que celle des protectorats de la Grande Comore, d'Anjouan et de Mohéli, est confiée à un gouverneur résidant à Mayotte.

Art. 2

Le gouverneur est représenté à la Grande Comore, d'une part, et à Anjouan et à Mohéli, de l'autre, par un fonctionnaire du corps des administrateurs coloniaux, chargé, sous son autorité, des services politiques et administratifs.

Art 3

Le gouverneur est assisté :

1º D'un secrétaire général, à qui il peut déléguer ses attributions dans les conditions prévues au décret du 21 mai 1898, et qui le remplace en cas d'absence;

Le secrétaire général est, en outre, commissaire de l'immigration;

2º D'un Conseil d'administration, qui se réunit sous sa présidence et qui est composé comme suit :

Le secrétaire général;

Le chef du service judiciaire;

Deux habitants notables désignés par le ministre des Colonies;

Un secrétaire archiviste choisi par le gouverneur.

Les membres du Conseil d'administration prennent rang dans l'ordre indiqué ci-dessus.

En cas d'empêchements, le secrétaire général et le chef du service judiciaire sont remplacées par des fonctionnaires au choix du gouverneur, et les notables, membres titulaires, par deux suppléants désignés par le ministre des Colonies.

Sont, en outre, appelés au Conseil avec voix délibérative :

Le trésorier-payeur et le chef du service de santé, lorsqu'il y est traité de questions concernant leur service;

L'administrateur et un habitant d'un des protectorats, pour la discussion de questions de budget ou d'impôts intéressant ce protectorat. Cet habitant, ainsi que son suppléant, sont nommés par le ministre des Colonies.

Art. 4

La colonie de Mayotte et les protectorats de la Grande Comore, d'Anjouan et de Mohéli conservent leur autonomie budgétaire.

Les budgets sont discutés au Conseil d'administration siégeant à Mayotte et arrêtés par le ministre des Colonies.

En cas d'urgence, le gouverneur peut en ordonner provisoirement l'exécution.

Art. 5

L'assiette et la quotité des taxes, autres que les droits de douane, nécessaires à l'acquittement des dépenses de Mayotte.

4

de la Grande Comore, d'Anjouan et de Mohéli, sont fixées par décret du Président de la République, après avis du gouverneur en Conseil d'administration.

Transitoirement, les taxes actuellement perçues demeurent en vigueur.

Art. 6

Le gouverneur est ordonnateur secondaire des dépenses du budget colonial : il est ordonnateur des dépenses des budgets de Mayotte et des protectorats.

L'administrateur de chaque protectorat est, par délégation du gouverneur, ordonnateur secondaire des dépenses de ce protectorat.

La comptabilité des budgets de Mayotte, de la Grande Comore, d'Anjouan et de Mohéli est centralisée par le gouverneur.

Les comptes annuels sont présentés par le gouverneur et approuvés par le ministre.

Art. 7

Les frais de représentation du gouverneur et des administrateurs des protectorats sont fixés comme suit :

Frais de représentation du gouverneur, 3,000 francs ;

Frais de représentation de l'administrateur de la Grande Comore ; 1,500 francs ;

Frais de représentation de l'administrateur de Mohéli et d'Anjouan, 2,000 francs.

Les frais de représentation de l'administrateur d'Anjouan et de Mohéli sont supportés :

1,500 francs par le budget d'Anjouan et 500 francs par celui de Mohéli.

Le crédit afférent aux frais de tournée du gouverneur est fixé au chiffre maximum de 3,000 francs. Les frais de tournée du gouverneur sont imputables dans la proportion d'un tiers à chacun des budgets de Mayotte, d'Anjouan et de la Grande Comore.

Art. 8

La solde du secrétaire général est fixée à 12,000 francs (solde d'Europe, 8,000 francs).

Art. 9

Toutes dispositions contraires aux présentes sont abrogées.

Art. 10

Le ministre des Colonies est chargé de l'exécution du présent décret, qui sera inséré au *Journal officiel de la République française*, au *Bulletin des lois* et au *Bulletin officiel du ministère des Colonies*.

Fait à Paris, le 9 septembre 1899.

Signé : Émile LOUBET.

Par le Président de la République :
Le ministre des Colonies,
Signé : Albert DECRAIS.

Décret portant création d'un droit de statistique dans la colonie de Mayotte et dans les protectorats de la Grande Comore d'Anjouan et de Mohéli.

21 décembre 1899.

Le Président de la République,

Sur le rapport du ministre des Colonies;

Vu l'article 18 du sénatus-consulte du 3 mai 1854;

Vu l'ordonnance organique du 7 septembre 1840 concernant l'organisation administrative du Sénégal, applicable à Mayotte par dépêche ministérielle du 22 juin 1877, ensemble le décret du 6 juillet 1897;

Vu le décret du 20 novembre 1882 (art. 37, 40 et 226) sur le régime financier des Colonies;

Vu les décrets des 14 juillet 1877, 5 septembre 1887, 23 janvier 1896 et 6 juillet 1897, relatifs à l'organisation de Mayotte et des protectorats des Comores;

Vu les traités du 26 avril 1886 (approuvé par décret du 11 juillet 1886), 6 et 8 janvier 1892, passés entre les sultans de la Grande Comore, de Mohéli et d'Anjouan et le gouvernement de la République française;

Vu le décret du 9 septembre 1899 portant organisation de la colonie de Mayotte et des protectorats des Comores;

Décrète :

Article premier

Il sera perçu dans la colonie de Mayotte et dans les protectorats de la Grande Comore, d'Anjouan et de Mohéli un droit de statistique sur les marchandises de toute nature et de toute origine importées ou exportées, à l'exception de celles expédiées par cabotage, soit d'un port à un autre d'une de ces possessions, soit d'une de ces possessions à une autre;

Ce droit a été fixé comme suit :

15 centimes par colis sur les marchandises autres que le sucre. le riz et le sel, en futailles, caisses, sacs ou autres emballages;

15 centimes par 1,000 kilogrammes ou par mètre cube sur les marchandises en vrac;

15 centimes par 1,000 kilogrammes sur le sucre, le riz ou le sel, que ces marchandises soient en vrac, en sacs ou tout autre emballage;

15 centimes par tête sur les animaux vivants ou abattus des espèces chevaline, mulassière, asine, bovine, caprine et porcine.

Les marchandises importées ou exportées en vrac qui sont tarifées autrement qu'au poids ou au mètre cube acquitteront le droit de statistique à raison de 15 centimes par 1,000 kilogrammes.

Le droit de 15 centimes sur les marchandises en vrac ne pourra être fractionné. Il sera dû intégralement pour toute quantité au-dessous de 1.000 kilogrammes, pour toute fraction de poids au-dessus de 1.000 kilogrammes et pour toute fraction de mètre cube.

Le droit ne sera réclamé qu'une fois pour les marchandises réexportées ou transbordées immédiatement par le port d'arrivée.

Il sera exigible, séparément, sur chaque marchandise lorsqu'un colis contiendra des objets différents et qui auront été réunis sous une même enveloppe.

Quand il s'agira de colis d'une même marchandise et d'un poids de 6 kilogrammes au maximum chacun, le droit de 15 centimes sera appliqué par groupe de cinq colis.

Toute fraction de cinq colis comptera pour un groupe et acquittera le droit entier.

Les engrais, même emballés, les balles et paquets non enveloppés et simplement retenus par des liens quelconques, seront considérés et taxés comme marchandises en vrac.

Art. 2

Seront exemptés du droit de statistique :

Les envois de fonds du Trésor ;

Les colis de bagages qui accompagnent les voyageurs ; (1)

Les poissons frais ;

Les colis postaux ;

Les objets de toute nature (autres que les marchandises proprement dites) embarquées sur les navires pêcheurs ou débarquées de ces navires ;

Les provisions de bord et articles divers embarqués sur les

---

(1) Rentrent dans cette classe les colis importés par les marins et les officiers de la marine de l'Etat pour leur usage personnel.

navires de guerre, français ou étrangers, pour le compte personnel des officiers et marins ;

Les restants de provision de bord débarqués d'office pour le rationnement des équipages :

Les épaves ; (1)

Les cargaisons mises à terre par suite de relâche et destinées à être réexportées :

Le matériel des troupes de passage ;

Le lest proprement dit sans valeur marchande ;

Les échantillons sans valeur marchande ;

Les navires étrangers importés pour la francisation ;

Le matériel des lignes télégraphiques et téléphoniques subventionnées :

Les colis de toute nature destinés aux services locaux des possessions de Mayotte et des Comores.

Art. 3

Ce droit sera perçu sur liquidation du service des douanes.

C'est au bureau qui reçoit la déclaration de détail à l'entrée ou à la sortie qu'il appartient de percevoir le droit de statistique.

Art. 4

Le ministre des Colonies est chargé de l'exécution du présent décret.

Fait à Paris, le 21 décembre 1899.

Signé : Emile LOUBET.

Par le Président de la République

Le ministre des Colonies,

signé : Albert DECRAIS.

---

(1) On exempterait de même du droit de statistique la cargaison d'un navire naufragé qui serait temporairement mise à terre pour être réexportée. Mais si les marchandises restaient dans la Colonie ou les protectorats, le droit devrait leur être appliqué.

Décret portant organisation du service de trésorerie dans
les protectorats des Comores

23 décembre 1839.

Le Président de la République française,

Sur le rapport du ministre des Finances et du ministre des
Colonies ;

Vu le décret du 9 septembre 1899 sur l'organisation administrative de Mayotte et du protectorat des Comores ;

Vu le décret du 20 novembre 1882 sur le régime financier
des Colonies ;

Décrète :

Article premier

Le trésorier-payeur de Mayotte est chargé de percevoir ou
de faire percevoir et de centraliser les produits des budgets
des protectorats de la Grande Comore, d'Anjouan et de
Mohéli et d'effectuer les paiements afférents à ces budgets.

Ces agents sont chargés, sous la surveillance et la responsa-
bilité du trésorier-payeur de Mayotte, de percevoir les produits
et d'effectuer le paiement des dépenses de ces protectorats. Le
préposé d'Anjouan est également chargé du service des
recettes et des dépenses de Mohéli.

Art. 3

Les préposés de la Grande Comore et d'Anjouan sont
nommés par le gouverneur, sur la proposition du trésorier-
payeur.

Leur cautionnement est fixé à 3.000 francs.

Art. 4

Il est alloué aux préposés un traitement fixe de 2.500 francs
(solde d'Europe 2.500 francs) et des remises dont la quotité
est fixée par arrêté du gouverneur, en Conseil d'Administration, mais dont le minimum garanti est de 2.500 francs.

La retraite des préposés du Trésor est liquidée conformément aux dispositions de la loi du 9 janvier 1853 ; les retenues qu'ils subissent pour la pension sont opérées sur les trois quarts de leurs émoluments de toute nature, le dernier quart étant considéré comme frais de tournée et de bureau.

Les remises du trésorier-payeur pour la centralisation des opérations financières des protectorats sont déterminées par arrêté du gouverneur en Conseil d'Administration, soumis à l'approbation du ministre des Colonies, après avis du ministre des Finances.

Art. 5

Les comptes du trésorier-payeur, en ce qui concerne les recettes et les dépenses des protectorats, sont, comme pour ceux relatifs aux opérations effectuées pour Mayotte, soumis au contrôle judiciaire de la Cour des Comptes.

Art. 6

Les dispositions du décret du 20 novembre 1882 non contraires à celles du présent décret sont rendues applicables aux protectorats des Comores.

Art. 7

Le ministre des Finances et le ministre des Colonies sont chargés, chacun en ce qui le concerne, de l'exécution du présent décret, qui sera inséré au *Journal officiel de la République française*, au *Bulletin des lois* et au *Bulletin officiel des Colonies*.

Fait à Paris, le 26 décembre 1899

signé : Emile LOUBET.

Par le Président de la République :

Le ministre des Finances.   *Le ministre des Colonies,*

signé J. CAILLAUX.   signé : Albert DECRAIS.

*Décret portant application aux îles Comores du régime
douanier métropolitain*

23 mai 1896.

Le Président de la République française,

Sur le rapport du ministre des Colonies,

Vu la loi du 11 janvier 1892, relative à l'établissement du
tarif général des douanes ;

Vu le décret du 23 janvier 1896, portant réorganisation de
l'administration de la Colonie de Mayotte et des possessions
des Comores ;

Vu l'avis émis par le gouverneur de Mayotte et dépendances
dans la lettre du 29 novembre 1895 ;

Vu les avis du ministre du Commerce, de l'Industrie, des
Postes et des Télégraphes et du ministre des Finances ;

Le Conseil d'Etat entendu,

Décrète :

Article premier

Les exceptions au tarif général des douanes en ce qui
concerne les produits étrangers importés aux îles Comores
(Grande Comore, Anjouan, Mohéli) sont fixées conformément
au tarif annexé au présent décret.

Art. 2

Les taxes indiquées audit tableau forment une tarification
unique, qui se substitue aux droits du tarif général et du tarif
minimum.

Art. 3

Les surtaxes d'entrepôt, établies par l'article 2 de la loi du
11 janvier 1892 et les tableaux C et D annexés à la loi susvisée,
ne sont pas perçues aux Comores.

Art. 4

Le ministre des Colonies est chargé de l'exécution du
présent décret.

Fait à Paris, le 23 mai 1896.

signé : Félix FAURE.

Par le Président de la République :
Le ministre des Colonies,

signé : André LEBON.

Annexe au décret du 23 mai 1896, portant application aux îles Comores du tarif douanier métropolitain.

II. — ANIMAUX VIVANTS

Animaux pouvant servir à l'alimentation, animaux de trait ou de bât, exempts.

II. — PÊCHES

Poissons secs et salés autres que les morues, stockfishs harengs, maquereaux, sardines et anchois, exempts.

VI. — FARINEUX ALIMENTAIRES

Blé, grains, farines, lentilles, pois du Cap, riz en paille ou décortiqué, exempts.

VII. — FRUITS ET GRAINES

Cocos, bananes, etc., exempts.

Fruits de table frais, exempts.

IX. — HUILES ET SUCS VÉGÉTAUX

Huiles de cocos, exempts.

Opium, chanvre arabe, grandia et produits analogues, prohibés.

XI. — BOIS

Bois de construction autres que les planches, exempts.

XIV. — PRODUITS ET DÉCHETS DIVERS

Légumes frais autres que les oignons et les aulx, exempts.

Son de toutes sortes de graines, exempts.

XVI. — MARBRES, PIERRES, TERRES

Huile de pétrole 5 p. 100 ad valorem.

XVIII. — PRODUITS CHIMIQUES

Sel marin, exempt.

XXV. — Tissus.

Sacs de vacoa et gunnies, exempts.

Articles divers

Engrais et produits chimiques servant aux engrais, exempts.

Vu pour être annexé au décret du 23 mai 1896.

Le ministre des Colonies,

signé : André Lebon.

CHAPITRE III

MAYOTTE

Mayotte, la plus méridionale et la plus orientale des îles Comores, est située entre les parallèles 12º34' et 13º 04' de latitude sud et les méridiens 42º 43' et 43º03' de longitude orientale. Elle est éloignée de 12 lieues d'Anjouan, de 34 lieues de Mohéli, de 60 lieues de l'île Nossi-bé et de Bavatoubé, point le plus rapproché de la côte ouest de Madagascar, de 300 lieues de la Réunion en contournant le cap d'Ambre, situé au Nord de Madagascar, de 300 lieues des Seychelles et de 100 lieues de l'établissement portugais d'Iboz, point le plus rapproché de la côte orientale d'Afrique. Elle s'étend du N.-N.-O au S.-S.-E. sur une longueur de 9 lieues avec une largeur variant de 1 à 5 lieues. Son massif est beaucoup moins élevé que celui des Comores. L'île est partagée, dans toute sa longueur, par une chaîne de montagnes élancées et nettement délimitées, se rejoignant par les arêtes vives qui forment la ligne de partage des eaux. Cette chaîne figure deux cirques ou croissants ouverts du côté de l'ouest ; le plus petit, celui du sud, formé par les monts Outchongui, Mavégani, Morne rouge, est envahi par la mer ; c'est la baie de Bouéni ; l'autre beaucoup plus grand et plus élevé, est circonscrit par les monts : Bénara, Mavégani, Qualey, Combani, M'Sapéré, Mouraniombé et rempli par plusieurs grands plateaux cultivables tels que Combani, Chingoni, etc. Il correspond à la plus grande largeur de l'île.

Presque toutes les montagnes du Sud et du Centre ont des

Cascade de Combani, à Mayotte.

formes géométriquement simples ; les principales sont, en partant du sud : Outchongui, en souahéli espion, (Mont Valentin d'Horsburgh) pain de sucre effilé dont le sommet est élevé de 640 mètres au-dessus du niveau de la mer ; ses pentes, presque perpendiculaires, ne sont garnies que de broussailles, mais le bas des versants est couvert de belles forêts ; le Morne carré (300 mètres) dont le nom indique la forme ; le Morne Salizeh (120 mètres) composé de deux cônes tronqués superposés ; Mavégani, en souahéli les épaules, grande montagne conique dont le sommet se partage en deux petits pitons (648 et 660 mètres). C'est le point culminant de l'île. Un sentier de mulet, conduisant de Bandéli à Mirénéni franchit la crête ondulée qui joint Mavégani au Morne carré, et établit la première communication entre le versant oriental et le premier cirque, appelé la baie de Bouéni.

Après Mavégani, en tournant à l'ouest, vient le Bénara, grande montagne arrondie (600 mètres), qui se relie par une succession de collines au Morne rouge, ainsi appelé à cause de la couleur de son sol, mis à nu par de nombreux éboulements.

Ces trois dernières montagnes ont des sommets très boisés, surtout le Morne rouge qui fournit presque tous les bois nécessaires à la colonie.

Du côté du nord, Mavégani est séparée du Qualey par la grande vallée de Débeney qui se termine au col de Bandacouni et où passe la seule route carossable qui joigne les deux versants de l'île.

De Bandacouni, un sentier de mulet, franchissant une gorge entre Mavégani et la Bénara, relie la grande route à la baie de Bouéni. Puis c'est le Qualey (420 mètres) grande butte de relèvement de la chaîne principale, couverte d'herbes et de quelques bouquets de bois ; le Morne Combani (540 mètres) cône régulier boisé jusqu'au sommet.

Entre Combani et le M'Sapéré, dans la grande vallée de

Passamenti, passe la route de Combani ; elle est impraticable pour les voitures, mais on peut la suivre à cheval, c'est le dernier point de communication des versants Est et Ouest et à peu près le point central de l'île. A partir de Combani, la nature des montagnes change ; au lieu de cônes plus ou moins réguliers, ce sont des masses de mornes superposés ; d'abord le M' Sapéré (580 mètres) aux arêtes vives et aux ondulations semblables à des vagues ; son sommet est parfaitement boisé et donne naissance à sept rivières. Le M'Sapéré tourne vers le N.-O. et se relie par une succession de collines ondulées au Mouraniombé, litt. la bosse du bœuf, dernière montagne de l'île dont les points culminants sont élevés d'environ 650 mètres ; ses forêts ont été en grande partie détruites par les incendies.

De cette chaîne principale descendent de nombreux contreforts qui donnent à la projection de Mayotte, sur la carte, l'aspect d'une arête de poisson. Les extrémités de ces contre forts se sont échancrées sous l'action incessante des vagues et forment aujourd'hui des caps escarpés, pendant que le fond des rentrants, envahi d'abord par les coraux, s'est rempli de terre d'alluvion entraînées par les pluies et par les rivières ou les torrents de chacune des vallées plus ou moins profondes qui séparent les contreforts. Les palétuviers ont fait une bordure protectrice à ces fragiles dépôts et ils ont progressé insensiblement vers le large, remplissant peu à peu les nombreuses baies plus ou moins propres au mouillage des navires. C'est sur ces terres d'alluvion, les plus malsaines mais aussi les plus fertiles de l'île, que se sont établis les villages et les habitations rurales.

De formation volcanique, Mayotte est entourée d'une ceinture de récifs madréporiques établis probablement sur le relèvement annulaire des couches, produit par l'émersion de l'île principale, et dont les passes figurent les déchirures. Les coraux se sont développés sur ces récifs jusqu'à effleurer le niveau ordinaire de la basse mer, point où s'arrête leur croissance verticale. Aux grandes marées des equinoxes, ils sont en grande partie découverts.

Entre ces récifs, formant un gigantesque anneau autour de Mayotte et l'île principale, s'étend une vaste nappe d'eau qui reste presque tranquille pendant qu'au dehors la mer se brise avec fureur contre les coraux, et où sont disséminés une vingtaine d'îlots recouverts de laves et de scories issues de cratères aujourd'hui effondrés et disparus dans les bouleversements qu'a subis l'île avant de prendre sa forme actuelle. En outre de ces écueils visibles, cet immense bassin est rempli de basfonds au milieu desquels serpente un vaste chenal qui permet aux navires de circuler librement et de louvoyer le long des côtes orientales et occidentales et même de faire complètement le tour de l'île, en dedans des récifs, avec quelques précautions.

Presque tous les îlots se trouvent dans la partie orientale du bassin.

Le plus considérable est Pamanzi, grand lozange de 13 kilomètres de tour, relié par une jetée au rocher de Dzaoudzi, siège du gouvernement et des services publics et résidence des fonctionnaires.

Dzaoudzi est séparé de Mamoutzou ou de Choa, point le plus rapproché de la Grande Terre par un bras de mer large de 2.800 mètres. Les deux îlots les plus importants, lorsqu'on songera à fortifier Mayotte, sont au N.-O. M'Zambourou et au S.-E. Bandéli, qui commandent les deux principales passes.

Il faut citer également Bouzi où est installé un Lazaret, très éprouvé par le cyclone de 1898 mais qui vient d'être reconstruit en entier; l'îlot aux chèvres, placé sur la route entre Bandéli et Dzaoudzi, Moins grands que Pamanzi, mais beaucoup plus grands que Dzaoudzi, ces trois îlots sont à peu près d'égale surface ; M'Zambourou seul renferme un maigre filet d'eau douce ; tous les autres en sont absolument dépourvus.

A Mayotte, comme dans les autres Comores, l'année se partage en deux saisons, la saison sèche et l'hivernage (voir aperçu général).

Sous le rapport de la température et des pluies, Mayotte

Une rue à Mayotte

peut être divisée, de l'ouest à l'est, en trois zones : 1º le versant occidental de la Grande Terre ; le versant oriental ; 3º en avançant toujours vers l'est les îlots Dzaoudzi et Pamanzi.

La température est à peu près égale pour toutes les parties de la Grande Terre ; pourtant la première zone est plus fraîche que la seconde ; la moyenne annuelle pour toute la Grande Terre est 26 º avec minimum de 17º pendant la saison sèche et

5

maximum, très rarement atteint de 34° pendant l'hivernage.
Il n'en est pas de même sur l'îlot Dzaoudzi ; jamais le thermomètre n'y descend au-dessous de 23°, encore est-ce rare ;
l y monte, en revanche, très souvent jusqu'à 35°.

C'est surtout pour la quantité de pluie tombée que la différence des trois zones est sensible. Au versant occidental la
quantité de pluie qui tombe du 1er janvier au 31 décembre
varie, suivant les années, de 2m80 à 3 m. au pluviomètre ; au
versant oriental elle est de 2 mètres à 2m50 ; tandis que sur
l'îlot Dzaoudzi elle n'est que de 1 mètre à 1 m. 50. Et pourtant
ces trois zones sont comprises dans une largeur de 20 kilomètres environ. Il résulte d'une moyenne établie dans ces
vingt dernières années à Combani que le nombre des jours de
pluies à Mayotte n'est pas inférieur à 112.

Les nuages descendent très rarement au-dessous des hauts
sommets ; leur hauteur minima est 500 mètres environ. Un
léger brouillard couvre souvent, le soir et le matin, le
marais du littoral et les vallées ; il ne s'élève pas visiblement
au-dessus de 15 à 20 mètres, et disparaît au lever du soleil
on n'en voit jamais dans l'intérieur. L'humidité générale est
considérable, même pendant la saison sèche ; elle s'explique
d'ailleurs, en toute saison, par l'immense étendue de coraux
et de littoral qui reste découverte à chaque marée basse et
ferme une surface d'évaporation considérable. Les toits de
Dzaoudzi sont continuellement couverts d'efflorescences sa-
lines. Pendant l'hivernage, les orages sont très fréquents
chaque année la foudre tombe sur plusieurs points de l
Grande Terre ; avant l'éruption de Krakatoa, en 1882, on n'a-
vait eu à signaler que quelques trombes autour de Mayotte.
En effet, les vents ont une régularité remarquable pendant
la saison sèche ; ils sont entrecoupés, pendant l'hivernage, de
calmes fort pénibles qui durent quelquefois de dix à quinze
ours.

Située dans la zone des vents réguliers, Mayotte ne connaissait pas les ouragans ni les cyclônes. Depuis quelques années la direction du grand courant équatorial et les cyclones de l'océan Indien ont été sensiblement modifiées.

Le mouvement de translation de ces cyclônes est toujours E.-N.-E. — puis N.-N.-E mais partant d'une latitude plus Nord que précédemment, ils viennent également aboutir plus au Nord.

Avant 1882, les ouragans passaient presque tous sur les îles Maurice et la Réunion pour se perdre sur la partie sud de Madagascar et du canal de Mozambique.

La Réunion, qui, avant 1882, recevait généralement la visite d'un cyclone tous les ans, n'a plus vu de cyclone sérieux, et Maurice, au nord de la Réunion, n'a été atteint que deux ou trois fois par ces météores.

Au contraire, Tamatave, jusqu'alors épargné, a été, ainsi que Sainte-Marie de Madagascar, atteint plusieurs fois depuis quelques années. Enfin, les cyclones, remontant de plus en plus vers le nord, ont frappé Diégo-Suarez en avril 1894 et franchi le méridien du cap d'Ambre pour atteindre Nossi-Bé.

C'est un de ces cyclones qui a dévasté Mayotte et les Comores dans la nuit du 28 février 1898. C'était la première fois que ce terrible fléau visitait ces régions. (Voir aperçu général « Météorologie ».)

Un forte bourrasque s'est produite à Mayotte les 15, 16 et 17 décembre 1899, le baromètre est descendu brusquement à 729 m/m.

Tout s'est borné, heureusement, à quelques dégats matériels sans grande importance, toitures enlevées ou cases indigènes renversées.

Il n'y a pas eu à déplorer d'accidents de personnes. En revanche, 3 boutres ont été perdus et les plantations de manioc et de bananiers appartenant aux indigènes ont été très éprouvées; les propriétés plantées en vanille et café et les cannes à sucre n'ont pas souffert.

Histoire de l'Ile

Mayotte, Mayotta, d'après William Johnes, Aliola, d'après Flacourt, Ayotta, suivant quelques manuscrits et avec l'article M'Ayotta, et aussi Mahouri (ma-derrière, houri-récifs), en langage vulgaire, est connue depuis la fin du xvi⁰ siècle sous le nom qu'elle porte aujourd'hui. A une époque très reculée qu'il serait difficile de préciser, elle fut peuplée par des noirs venus de la côte d'Afrique. De quel point de la côte venaient ces noirs? Quel était leur degré de civilisation? Il est impossible de le dire. On ne trouve, dans l'île, aucune de ces armes ni aucun de ces instruments de pierre dont l'examen pourrait fournir de précieux renseignements. Les seuls indices de leur origine africaine sont : 1⁰ le nom de M'Chambara ou M'Zambara, donné par eux au nord de l'île, qui est le nom d'une peuplade considérable de la côte de Mozambique; 2⁰ le sang éthiopique manifeste chez les Antalotes produits par le croisement des Sémites avec ces premiers habitants; 3⁰ le nom de Mahoris que portent ces Antalotes, comme les Arabes croisés de la côte d'Afrique; 4⁰ enfin, les traditions recueillies par les auteurs arabes, d'après lesquels des émigrations de Zendjes, peuples habitant la côte orientale d'Afrique, auraient formé la population des îles du canal de Mozambique.

La Grande Comore, Anjouan et Mohéli furent habitées par des Arabes longtemps avant Mayotte. Ce n'est que vers le v⁰ siècle de l'hégire, à la suite d'évènements incertains, probablement la conquête d'Angazidja par les sultans de Kiloua, que quelques Arabes vinrent se fixer au nord de Mayotte, au point appelé M'Chambara, dont ils firent M'Zambouru. « Vers l'an de l'hégire, dit un manuscrit cité par M. A. Gevrey

« dans son étude très remarquable sur les Comores, à laquelle
« beaucoup de renseignements ont été empruntés pour cette
« notice, les îles d'Anjouan et de Mayotte ne formaient qu'un
« État. Il n'y avait pas de roi ; les chefs commandaient dans
« les divers quartiers, un chef avait le commandement des
« autres à Mayotte ; il habitait à M'Zambourou. »

L'arrivée des Portugais à la Grande Comore, vers 1505,

Ile de Pamanzi. — Vue de Dzaoudzi

occasionna une nouvelle émigration qui vint grossir la population.

Elle fut augmentée, à la même époque, par l'arrivée d'une troupe nombreuse de Sakalaves commandés par Diva Mamé un des chefs du Bouéni, venant de Katola (probablement le Taulang ou l'Itolle dont parle Flacourt), village de la baie de Bouéni, à la côte occidentale de Madagascar.

Les Salakaves, s'établirent sur les bords d'une grande baie, au Sud-Ouest de Mayotte, et lui donnèrent, en souvenir de leur patrie, le nom de Bouéni, qu'elle porte encore aujourd'hui. Ils y fondèrent un village qu'ils appelèrent Koïlé. Ce noyau grossit avec le temps, et au moment de la conquête de Mayotte par Mohamed-ben-Haïssa, l'île était divisée entre les Arabes, établis au Nord et au Centre, dans les villes de M'Zambourou, Chingoni et Sada, et les Sakalaves établis au Sud de Koïlé et Sazileh. Quant aux premiers noirs originaires de la côte d'Afrique, des croisements avec les Arabes ou avec les Malgaches avaient profondément modifié leur type et leur caractère et ils étaient devenus, pour la plupart, des Antalotes.

Vers l'année 1530, Mohamed-ben-Haïssa, déjà souverain d'Anjouan, vint à Mayotte; il épousa Djombé Aminah, fille de Ouazire-Massilaha, chef de M'Zambourou, et, par cette alliance, parvint à se faire proclamer sultan de Mayotte. Son fils Haïssa lui succéda.

Né à Mayotte, il la préféra comme résidence à Anjouan, et c'est dans cette île qu'il passa la plus grande partie de son long règne, que la tradition porte à soixante-dix ans. Un des premiers soins d'Haïssa fut de transporter la capitale à Chingoni, ville située sur une éminence de la côte occidentale, à peu près au milieu de la longueur de l'île. Chingoni, ancienne capitale de Mayotte, est une ville arabe très bien fortifiée; les Portugais l'occupèrent pendant longtemps et y possédèrent un établissement redoutable de piraterie, qui fut anéanti par les Anglais, il y a un siècle. Haïssa y construisit la mosquée qui subsiste encore aujourd'hui, quoique en très mauvais état. Les murs, très épais, sont en chaux et corail, et la couverture en feuilles de cocotiers. Deux rangées de lourds piliers partagent l'intérieur en trois petites nefs. De chaque côté de la niche du chœur, on voit deux versets du Coran inscrits en lettres arabes sur des plaques de terres cuites couvertes d'un vernis de couleur verte. Une autre inscription

également en pur arabe, indique que la mosquée a été bâtie
l'an 944 de l'hégire (1566).

Ce monument est lourd et massif, avec des ouvertures en
ogive écrasée. Devant la porte, à droite de l'escalier, on voit
le tombeau d'Haïssa, petite construction rectangulaire en
ciment avec socle, corniche et couverture, ornée sur les côtés
d'applications de porcelaine à fleurs bleues, dont il reste
quelques fragments. L'intérieur du mausolée, haut d'environ
1m50, est vide et éclairé par des trèfles. A côté se trouvent
plusieurs tombeaux de sultans et de sultanes, entre autres
celui de Magoina Aminah, fille d'Haïssa; ces sépultures, élevées dans le même style, entouraient la mosquée; elles sont
aujourd'hui complètement ruinées, ainsi, d'ailleurs, que la
ville de Chingoni, dont il ne reste que quelques pans du mur
d'enceinte et une quarantaine de baraques. Mais ce lieu est
encore en grande vénération parmi les Arabes.

Le règne d'Haïssa fut une époque de prospérité pour
Mayotte. Les Chiraziens qui s'établirent dans l'ile avec
Mohamed et Haïssa et ceux qui y vinrent, peu après, des
établissements d'Afrique, étaient bien supérieurs aux Musulmans déjà établis dans les Comores. Aussi les rares constructions de ce temps, qui ont échappé aux ravages des Sakalaves, portent-elles un cachet de civilisation qui ne se retrouve
plus dans les siècles suivants.

Haïssa mourut à Mayotte vers 1590, sans enfants mâles. A
sa mort, Mayotte se détacha d'Anjouan; les Mahoris refu-
sèrent de reconnaître la souveraineté de la sultane Moïna-
Alachora, veuve d'Haïssa, née à Anjouan, et élurent pour
sultane Magoina-Aminah, fille d'Haïssa, et née à Mayotte,
Une guerre s'ensuivit avec Anjouan sans résultat décisif. Elle
dura quatre ans, jusqu'au moment où Mogué-Fané, un des
chefs anjouanais, fut proclamé sultan à M'Samadou. Peu
après, Magoina-Aminah épousa un Arabe de Patta appelé

Boina-Foumo, descendant des anciens Chiraziens émigrés à la côte d'Afrique. Magoina-Aminah mourut peu après ce mariage, laissant un fils en bas âge appelé Ali; Boina Foumo fut proclamé sultan.

Vers cette époque, une flotte hollandaise, commandée par Van Caerden, passa à Mayotte.

« Le 8 juin 1607, dit la relation, nous mouillâmes l'ancre à
« la rade de Mayotte, l'une des îles Comores.

« C'est une belle isle, fertile en divers fruits, abondante en
« bœufs, en vaches, en boucs et en diverses autres choses, de
« sorte qu'on y trouve assez de raffraîchissements. Les habi-
« tants sond nuds hormis que les hommes couvrent leurs
« parties naturelles, et les femmes ont une peau velue de deux
« empans de long, qui leur pend dessus, depuis la ceinture,
« où elle est attachée.

« Elles ont aussi un petit mouchoir quarré sur le sein, et,
« du reste, elles sont nues comme les hommes.

« Le 16 de juillet, nous prîmes congé du roi de l'isle et
« remîmes à la voile.

« Depuis le 8 juin, que nous y avions mouillé, jusqu'à ce
« jour-là, on avait troqué et mené à bord des sept navires et
« du yacht 266 bœufs et 276 boucs, outre les poules qui furent
« consommées dans les chambres des capitaines, sans compter
« une quantité extraordinaire de fruits. »

On voit qu'à cette époque Mayotte était déjà fort riche en bœufs et en provisions de toutes sortes. Le tableau présenté par ce récit de la population Mahorie indique que les Hollandais avaient mouillé au sud de l'île, près d'un village nègre ou malgache, et qu'en présence d'une flotte aussi respectable, les Arabes s'étaient cachés.

A la mort de Foumo, vers 1620, son fils Ali lui succéda; il régna, dit-on, vingt ans, et eut pour successeur son fils Omar, qui régna quarante ans (1640 à 1680). Omar eut de ses femmes deux fils, Ali et Aboubeker, et trois filles, Djombé-Alimah, Moïna-Roukia et Manadar. Ces cinq enfants formèrent cinq branches, qui ne cessèrent de s'arracher le pouvoir et entretinrent des guerres civiles continuelles, depuis la mort d'Omar jusqu'à l'occupation française.

Dans l'intervalle, Mayotte eut beaucoup à souffrir de l'expédition que firent, en 1790, les Sakalaves. Plusieurs villes furent emportées d'assaut et ruinées de fond en comble; Chingoni, la capitale de Mayotte, fut de ce nombre. Aussi un des descendants d'Omar chercha, pour sa résidence, un point plus facile à défendre que la grande île, ouverte à toutes les invasions. Il trouva ce point à Dzaoudzi, petit rocher isolé au milieu de la rade, entre Mayotte et l'îlot Pamanzi, auquel il se reliait par un banc étroit, recouvert à la marée montante. Déjà la crainte des Malgaches avait amené sur ce rocher une foule d'habitants.

Dzaoudzi fut entourée d'une bonne muraille flanquée de tours et, grâce aux fortifications naturelles, devint un poste inexpugnable pour les assiégeants, dépourvus d'artillerie. L'eau manquait, mais on y creusa des puits qui en fournirent un peu.

La tradition rapporte qu'un jour le sultan Salim II, sultan de Mayotte, revenant de Chingoni (1805), et étant sur le point de s'embarquer pour regagner Dzaoudzi, perdit, sur le rivage, son anneau d'or. On le chercha longtemps, mais en vain; et le sultan, obligé de s'embarquer, laissa un de ses domestiques pour chercher l'anneau.

Les recherches furent inutiles et le sultan, irrité, le condamna à demeurer dans cet endroit jusqu'à ce qu'il eût retrouvé l'anneau. Au bout de quelque temps, il lui permit de faire venir auprès de lui sa femme et ses enfants; ce fut le noyau du bourg de M'Sapéré (en souahéli, anneau perdu), aujourd'hui le point le plus peuplé et le plus commerçant de l'île.

Andrian-Souli était sultan de Mayotte depuis une dizaine
d'années, qui avaient été marquées par des guerres intestines
très sanglantes et régnait tranquillement à Dzaoudzi, lorsqu'en
août 1840, M. Jehenne, capitaine de corvette, commandant la
gabare la *Prévoyante*, visita Mayotte, où il rencontra un né-
grier pirate. M. Jehenne et M. le capitaine Passot, qui se trouvait à bord de la *Prévoyante*, furent frappés des avantages que
présentait Mayotte comme position maritime, et ils les signa-
lèrent à M. le contre-amiral de Hell, gouverneur de la Réunion.

Dans une entrevue avec M. Passot, Andrian-Souli l'avait
chargé de demander pour lui des armes et des munitions de
guerre au gouverneur de la Réunion, et il avait paru disposé à
céder facilement à la France son nouveau royaume. L'année
suivante, la *Prévoyante* fut renvoyée à Mayotte avec des
instructions spéciales; M. Jehenne explora les rades et dressa
la carte de l'île, tandis que M. Passot concluait avec Andrian-
Souli, au nom du gouverneur de la Réunion, le 25 avril 1841,
un traité par lequel l'île Mayotte était cédée en toute propriété
à la France aux conditions suivantes :

1º Le payement à Andrian-Souli d'une rente annuelle et
viagère de 1,000 piastres (5,000 francs) sans réversibilité, et
cessant du jour où, sur sa demande, il serait embarqué pour
retourner à Madagascar;

2º L'éducation de deux de ses enfants à la Réunion aux frais
du gouvernement;

3º La conservation et l'inviolabilité des propriétés recon-
nues particulières, sauf le cas de nécessité pour la sûreté de la
défense de l'île ;

4º Le jugement des démêlés entre les indigènes et les Français par des hommes, au choix du gouvernement, dans les
deux populations.

Ce traité devait rester provisoire jusqu'à la ratification par
le gouvernement métropolitain.

Aussitôt, les prétendants firent entendre leurs réclamations. Le plus fondé aurait été certainement Boina-Combo,
mais il avait été mis à mort, en 1836, par Ramanatéka, auquel
il avait, d'ailleurs, cédé, trois ans auparavant, tous ses droits
illusoires sur un royaume qu'il ne possédait plus. Ramanatéka

Un coin de rue à Dzaoudzi

avait fait valoir ces droits en 1833 et avait été chassé de
Mayotte en 1835. Il n'avait donc rien à réclamer. Restait
Anjouan, dont le sultan Abdallah avait un instant possédé
Mayotte, mais son fils Allaouy, héritier de ses droits, avait été
chassé par l'usurpateur Salim.

Retiré à Maurice, Allaouy mourut en 1842, laissant sa
succession à un de ses parents, Saïd-Hamza, qui s'empressa
de réclamer Mayotte, en même temps, du reste, que l'usurpateur Salim, qui, en 1840, avait été obligé de se rembarquer

précipitamment et de renoncer à toute tentative pour chasser Andrian-Souli. Toutes ces prétentions, secrètement encouragées par les Anglais, exclusives, d'ailleurs, les unes des autres, étaient sans le moindre fondement et furent écartées; car nous tenions nos droits du sultan en exercice, et, en fait de trône dans les Comores, possession vaut titre; on eut cependant l'air de reconnaître que celles de Salim avaient quelque fondement, car M. Favin Levêque, commandant l'*Héroïne*, obtint de lui, le 19 décembre 1843, une renonciation formelle à ses droits sur Mayotte.

Le traité du 25 avril 1841 fut ratifié par le roi de France, au mois de février 1843, et M. Bazoche, gouverneur de la Réunion, reçut ordre de prendre possession de l'île au nom du roi.

La prise de possession fut solennellement effectuée, le 13 juin 1843, par M. Passot, capitaine d'infanterie de marine, en présence de M. Protet, commandant la gabare la *Lionne*, des officiers de ce bâtiment et de deux détachements d'infanterie et d'artillerie, destinés à tenir garnison dans l'île. Le quartier général fut établi à Dzaoudzi.

Andrian-Souli mourut trois ans après notre prise de possession, d'excès d'absinthe et autres liqueurs. On voit son tombeau sur la presqu'île de Choa; c'est un carré de terre unie, sans mausolée ni pierre tumulaire, entourée d'une double rangée de pieux; entre la première et la seconde rangée se trouve une petite baraque en rafia; hermétiquement fermée et montée sur quatre poteaux. Chaque année, les Malgaches y font des cérémonies, à l'anniversaire de sa mort. Le tombeau est ombragé par deux magnifiques tamariniers.

Au moment de notre prise de possession, la population de Mayotte était réduite à 300 Arabes, 700 Antalotes ou Mahoris proprement dits, 600 Sakalaves, soit 1.600 personnes libres et 15 à 1.800 esclaves africains ou malgaches. La Grande Terre était à peu près déserte; toute la population s'était entassée sur le rocher de Dzaoudzi et sur Pamanzi ; il ne restait que quelques rares habitants dans les villages de M'Zambourou, Chingoni, Choa, Sada, Dapani, Sazileh, Bandéli, M'Sapéré, etc. Sept chefs exerçaient une ombre de pouvoir sur la Grande Terre, sous l'autorité suprême du sultan Andrian-Souli.

Dzaoudzi était le seul endroit fortifié et bien peuplé ; on y comptait 249 maisons en pierres, ou cases, et environ 1.000 habitants. Il n'y avait plus de troupeaux ni de volailles dans l'île ; à peine rencontrait-on quelques rares bœufs, des cabris et des poules ; les cultures avaient été abandonnées ; on ne vivait plus que de patates, de poissons et de bananes. Toute la population était dans la plus affreuse misère.

Des rades magnifiques, une nature superbe, un sol abondamment arrosé, d'une fertilité prodigieuse dans les vallées et les endroits où il avait été jadis défriché, mais tellement insalubre qu'il était mortel et absolument inhabitable pour les Européens ; quelques belles forêts, des cocotiers, des manguiers et des bananiers en quantité innombrable, d'excellents pâturages, pas la moindre route, pas de centre de commerce et d'approvisionnement ; une population misérable, fanatique et farouche, ou complètement sauvage, s'enfuyant à l'aspect des Européens et ne pouvant à cause de sa paresse et de ses antipathies, être d'aucune utilité ; voilà ce qu'ont trouvé les premiers Français, militaires et colons, qui ont accompagné notre drapeau à Mayotte. C'est dans ce milieu, auprès de mille souffrances, de difficultés et de privations de toutes sortes, et le plus souvent de leur vie, qu'ils ont commencé la colonisation de cette île.

POPULATIONS ET RENSEIGNEMENTS DIVERS

A la fin de 1843 la population de Mayotte était ainsi composée :

Sakalaves...................... 600

Arabes....................... 700

Mahoris...................... 500

Esclaves..................... 1.500
_____

Total.......... 3.300

Le reste avait émigré de 1832 à 1839 pendant les guerres qui suivirent l'arrivée d'Andrian-Souli ; quelques fanatiques s'étaient aussi retirés au moment de notre installation. Les Mahoris commençaient à s'accoutumer à la domination française quand l'ordonnance du 9 décembre 1846 vint porter un rude coup à la Colonie naissante. Cette ordonnance, promulguée par un arrêté local du 9 juillet 1847, prescrivait l'affranchissement de tous les esclaves et leur imposait un engagement de travail de cinq années au profit de l'Etat. L'effet fut prompt et désastreux.

Car si les maîtres comprirent parfaitement qu'on leur enlevait leurs esclaves, sur ce point il n'y a point d'équivoque, les esclaves ne se rendirent pas compte de la différence qu'il y avait entre l'esclavage perpétuel auquel ils étaient habitués et l'engagement temporaire qu'on leur imposait. Tout ce qu'ils virent, c'est qu'ils allaient devenir les esclaves des chrétiens au lieu d'être les esclaves des musulmans et des Malgaches. Maîtres et esclaves émigrèrent en masse, et on fut obligé de renoncer à l'engagement de travail envers l'Etat ; mais le coup était porté et l'île s'était instantanément dépeuplée.

Plus tard les indigènes acceptèrent l'organisation des engagements de travail, au moins pour la forme ; l'île se repeupla et le recensement de 1855 donna 6.829 habitants. Celui de 1856 porte le nombre des indigènes à 7.110 et celui des Européens et des créoles à 119 ; en tout 7.229. Une légère diminution se fait sentir en 1857, sans doute à la suite de la petite insurrection de 1856 et le recensement de 1858 n'indique

que 7.122 habitants. A partir de 1858 la population s'est considérablement accrue et en 1875 elle atteignait déjà près de 12.000 habitants.

Cette population est généralement douce et docile, mais

Une Malgache de Mayotte

paresseuse et indolente ; le contact des Européens établis sur les concessions de la Grande Terre, l'a un peu familiarisée avec nos usages ; malheureusement le manque de routes dans le Sud et le Nord c'est-à-dire dans la plus grande partie de l'île, a beaucoup nui à sa civilisation. D'un autre côté, les concessionnaires lui ont demandé une vivacité et une activité dans le travail qui étaient tout à fait incompatibles avec sa nature ; ces exigences, jointes au peu de régularité des paiements, l'ont rebutée et aujourd'hui encore elle rend peu de services aux établissements sucriers, bien que les salaires soient maintenant très ponctuellement acquittés.

La population de Mayotte s'élève aujourd'hui, d'après les derniers recensements, à environ 18.000 habitants.

La population indigène comprend des Sakalaves, des Africains, quelques Indiens, mais en très petit nombre, et des Arabes qui forment de beaucoup le groupe le plus nombreux. Parmi les étrangers figurent les travailleurs immigrants engagés.

Depuis dix ans la population blanche ne compte à Mayotte qu'un nombre restreint de représentants, et ce nombre tend plutôt à décroître qu'à augmenter.

AGRICULTURE ET INDUSTRIE

Quelques années après notre prise de possession de Mayotte, la beauté des vallées faisant face à Dzaoudzi attira l'attention des colons. Ce fut une Compagnie au capital de 1.400.000 francs, la Compagnie des Comores, puis deux capitaines au long cours qui demandèrent les premières concessions ; des créoles de la Réunion et quelques Européens vinrent ensuite.

La plupart des concessionnaires se sont établis sur le littoral de la Grande Terre, dans les vallées qui séparent les contreforts. Toutes les concessions se ressemblent ; au bord de la mer, à l'entrée de la vallée, une bande de marais et de palétuviers, puis une plaine d'alluvion entourée de pentes douces, et, au delà, des pentes plus abruptes, couvertes de bois ; au fond de la vallée, une rivière peu abondante pendant la saison sèche, mais roulant une masse d'eau considérable pendant la saison des pluies ; dans la plaine une usine à sucre, des ateliers, des magasins, des hangars, une maison de maître, des

Usine à sucre de Dzoumagné (Mayotte)

maisonnettes pour les employés à portée de la cloche, un
grand camp pour les travailleurs noirs; tout à l'entour des
champs de cannes à perte de vue; voilà à peu près la physio-
nomie de chaque établissement sucrier. Sur certains grands
établissements tous les employés sont logés dans des maisons
bâties en pierres et très confortables. A Combani notamment,
ces bâtiments sont très importants : une maison de maître,
12 maisons d'employés, une usine à sucre, une distillerie, un
hôpital, six magasins, forment un ensemble de constructions
considérable.

Les grands navires peuvent mouiller en face de la plupart
des établissements, mais il est nécessaire de transborder les
chargements dans des chaloupes ou de petits boutres qui seuls
approchent de la terre.

Dans l'origine, les marais étaient beaucoup plus étendus
qu'aujourd'hui ; des barres, formées à l'embouchure des rivières avaient produit des marais mixtes extrêmement dangereux. On conçoit sans peine l'épouvantable insalubrité de ces
vallées lorsque les premiers colons ouvrirent les barres, des-
séchèrent les marais et mirent à nu par le défrichement les
terres putrides formées par des alluvions.

Aussi crut-on pendant longtemps que jamais la Grande
Terre ne serait habitable pour les Européens. Les colons se
bornaient à y passer la journée et revenaient, chaque soir,
coucher à Dzaoudzi et à Pamanzi, ou à bord des navires en
rade.

Deux voies se présentaient aux colons : se borner à une exploitation agricole en tirant parti des milliers de cocotiers en
plein rapport que renfermait chaque concession, en régulari-
sant les bouquets épars, en les joignant par de nouvelles plantations, enfin, en cultivant des caféiers, des girofliers et des
cacaoyers ; ou bien aborder la culture de la canne qui réussis-
sait parfaitement et se lancer dans la fabrication du sucre.

Usine à sucre à Combani

L'exploitation purement agricole pouvait donner de bons résultats; chaque cocotier rapporte, par an, de 80 à 100 cocos, et, en faisant la part de la maraude des fanihis et autres accidents, 80 cocos valant 4 francs, à 0 fr.05 chacun, prix assuré. Un hectare pouvant contenir au moins 80 cocotiers eut rapporté 320 francs et 100 hectares 32.000 francs.

Il eut été facile d'établir dans les belles vallées de Koéni, Passamenti, Debeney, etc.; 100 hectares de cocotiers et 50 hectares de caféier; un hectare peut recevoir 2.500 caféiers genre moka et 1.200 caféiers genre Libéria, qui produisent chacun 0 kil. 250 de café par an ; en estimant à 0 fr. 50 le rendement de chaque pied, ces 50 hectares de caféiers eussent produit de 20 à 25.000 francs. Mais il eut fallu attendre trois à quatre ans les caféiers et sept à huit ans les cocotiers ; or, dans un pays malsain comme Mayotte, le temps presse, il faut un résultat immédiat ; l'hectare cultivé en cannes pouvant au bout de quinze ou dix-huit mois, produire 4 ou 5 tonneaux de sucre c'est-à-dire à 300 francs la tonne, de 12 à 1.500 francs, on sacrifia les cocotiers et les caféiers et on se mit à cultiver la canne et à bâtir des usines. Il est nécessaire d'ajouter, pour la vérité, qu'en 1886-1887, une coccidée a détruit la plus grande partie des cocotiers de Mayotte, les caféiers moka en 1884 avaient subi le même sort anéantis par l'hemélija vastatrix.

CANNES A SUCRE

C'est ainsi qu'en douze ans, de 1846 à 1858, neuf usines à sucre furent créées.

L'expérience faisait défaut à ces concessionnaires, cultivateurs improvisés, l'usine manquait d'hommes experts pour le montage et le fonctionnement des appareils, mais dans les vallées paraissant alors inépuisables, la canne à sucre poussait merveilleusement, et les sucres se vendaient fort bien, aussi la confiance malgré les plus graves mécomtes, était grande !

De 1858 à 1875, cinq usines furent encore créées, mais, vers 1885, l'avilissement du prix des sucres, une augmentation constante des charges des propriétaires déterminèrent une crise très grave, et, vers ce moment, quatre usines disparaissent ne pouvant plus payer leurs frais de faisance-valoir; en 1898, une usine très importante fut également fermée pour les mêmes raisons. Actuellement, il ne reste plus que huit usines à sucre à Mayotte, six d'une certaine importance et deux très secondaires.

Employer six usines pour produire 3.500 à 4.000 tonnes de sucre semble, à première vue, peu sage, quand on songe qu'une usine centrale pourrait facilement travailler toutes les cannes

---

Usines créées de 1846 à 1858

Usines importantes

Ajangua, subsiste encore.

Débéney, subsiste encore.

Passaminty, fermée depuis 1888.

Kaoëny, fermée depuis 1899.

Dzoumagné, subsiste encore.

Soulou, subsiste encore.

Combani, subsiste encore.

Usines de peu d'importance

Cavany, subsiste encore.

Loujany, subsiste encore.

Usines créées de 1858 à 1875

Longoni, subsiste encore.

Bengoni, (l'usine a été fondue avec celle de Combani).

Kangani, a disparu.

Kokoni, a disparu.

Mirèréni, a disparu.

de la colonie, en obtenant une meilleure extraction et produisant des sucres de qualité supérieure! Malheureusement les exploitations sont éloignées les unes des autres et les essais de transport par terre et par eau ont dù, après essai, être abandonnés comme trop onéreux.

Chaque propriétaire reste donc, forcément chez lui, et avec l'expérience acquise essaie d'améliorer sa culture, sa fabrication, de développer sa production en vue de diminuer ses frais généraux.

Les premières plantations furent faites avec des plants de Maurice et surtout de la Réunion ; les procédés de culture furent aussi, à l'origine, rigoureusement calqués sur ceux de la Réunion sans tenir compte de la différence de climat et surtout de saisons. Aujourd'hui l'expèrience acquise a permis de rectifier les cultures et de mieux les approprier aux conditions climatériques du pays.

Tandis qu'à la Réunion, la canne ne fournit, en général, que deux pousses, une première, dite *canne vierge*, mûrissant dix-huit mois après la plantation et une seconde, dite *canne de recoupe* murissant dix-huit à vingt mois après la coupe des cannes vierges, la canne à Mayotte semble pouvoir donner huit à dix coupes ; c'est un avantage considérable. Il ne faudrait pas, cependant, croire que ce soit une bonne pratique de conserver les souches de cannes pendant dix ans. En effet, bien avant ce moment, la souche ne produit plus que de maigres roseaux auxquels un appareil foliacé très développé donne une apparence de vigueur qui ne trompe que le cultivateur novice et inexpérimenté.

Pendant près de cinquante ans, dans les vallées, la monoculture de la canne a été pratiquée, exclusivement, sans repos, sans assolement, et il a fallu la merveilleuse fécondité du sol des Comores pour obtenir des récoltes encore assez bonnes. Mais ce système a produit la dégénérescence des cannes primitivement plantées qu'on a dû remplacer par des espèces nouvelles.

La fumure à l'aide des engrais chimiques a été rarement pratiquée à Mayotte où l'on n'utilise que le fumier de bœufs. C'est à cette circonstance assurément qu'est due la conservation de la fertilité des terres qui, profondément excitées par les engrais chimiques, auraient donné des récoltes considérables pendant quelques années, pour être ensuite frappées de stérélité, comme à Maurice, par exemple, où la culture qui emploie les engrais chimiques à haute dose est, sans cesse, forcée de se déplacer et a déserté le littoral si fertile jadis pour gagner les plateaux du centre de l'île.

Les cannes introduites à Mayotte, au début, furent la canne blanche, la canne diard, et la canne otahiti, puis les cannes dites bambou et rubannées ou guinghans. Mais successivement toutes ces variétés, moins la canne bambou et la canne rubannée, périclitèrent et il fallut les remplacer par des espèces nouvelles venues de la Réunion, comme la Port-Makay, la bois rouge blonde, la tamarin, la lousier, etc. Aujourd'hui, la canne Bambou et surtout la canne Rubannée semblent être les variétés convenant le mieux à Mayotte, et, à elles seules, elles forment les trois quarts des plantations.

Il y a deux époques pour les plantations des cannes à Mayotte : d'octobre à fin novembre pour les régions favorisées par les pluies à cette époque; de fin décembre à février pour toutes les régions de l'île sans exception.

Les cannes plantées en octobre et novembre peuvent être coupées dans le cours de novembre de l'année suivante, mais elles ne donnent que de faibles rendements, 25.000 kilogrammes de cannes à l'hectare tandis que les cannes plantées en décembre, janvier et février, coupées dix-huit mois après donnent un rendement au moins double, soit 50 à 60.000 kilos de cannes à l'hectare. Voici quel est à peu près le rendement de ces cannes, plantées en janvier et février et coupées dix-huit mois après :

1re coupe, 50.000 kilos de cannes qui, au rendement de 9 %, en sucre donnent 4.500 kilos de sucre.

2o coupe, 50,000 kilos de cannes, qui, au rendement de 9 % en sucre donnent 4.500 kilos de sucre.

3o coupe, 40.000 kilos de cannes qui, au rendement de 9 %, en sucre donnent 3.600 kilos de sucre.

4e coupe, 35.000 kilos de cannes qui, au rendement de 9 %, en sucre donnent 3.150 kilos de sucre.

5e coupe, 30.000 kilos de cannes qui, au rendement de 9 %, en sucre donnent 2.700 kilos de sucre.

6e coupe, 25.000 kilos de cannes qui, au rendement de 9 %, en sucre donnent 2.250 kilos de sucre.

Ces rendements sont approximatifs, mais très voisins de la réalité ; ils varient suivant la valeur des terrains mis en culture. La décroissance des produits est rapide à partir de la 4e année, aussi une sage pratique serait, et c'est ce que font les propriétaires expérimentés de ne demander que quatre ou cinq coupes à la canne. A ce moment, il convient de dessoucher la canne, de labourer le sol à la charrue, et de l'ensemencer à l'aide d'une légumineuse le pois noir de Mascate, qui couvre le sol d'une couche épaisse de rameaux, pendant que les racines, par la sidération, enrichissent le sol en azote. Un repos de deux années, dans ces conditions, rend presque au sol sa fertilité première. C'est, du reste, le procédé d'assolement employé à la Réunion, à laquelle Mayotte doit tant emprunter.

Il faudrait aussi avoir soin de ne jamais planter, deux fois de suite, la même variété de cannes dans le même sol.

USINES

Les usines de Mayotte sont toutes du système Bourbonien

Bâtiments d'exploitation et village des travailleurs

et se composent : 1º d'un moulin broyeur, de défécateurs, d'un appareil dit batterie Gimard, qui achève le nettoyage des jus (vesous) et en commence l'évaporation ; enfin, d'appareils à cuire, dits wetzels ou basses températures, qui achèvent la cuisson. Ces wetzels sont de grandes chaudières demi cylindriques, ouvertes par dessus, qui reçoivent les jus propres et que traversent des tuyaux baignant dans le liquide et dans lesquels circule la vapeur détendue, pendant que des agitateurs remuent constamment la masse à évaporer. Enfin, des turbines servent à séparer le sucre des sirops qui l'emprisonnent.

Ce genre d'appareils fournit de très bons résultats, à ce point qu'à la Réunion, où ils fonctionnent à côté d'appareils perfectionnés, ils donnent des rendements très peu inférieurs à ces derniers pour les premiers jets ; mais pour le travail des deuxièmes et troisièmes jets, la supériorité des appareils à cuire dans le vide est incontestable.

Quelques usines de Mayotte sont munies d'appareils à cuire dans le vide et emploient la filtration, d'autres font la répression de la canne à l'aide de deux moulins puissants.

Les usines ayant des moulins de force moyenne peuvent extraire de 63 à 68 0/0 de jus, suivant la qualité de la canne ; avec les moulins puissants, et surtout avec la répression, le rendement s'élève à 70, 71, 72 0/0. Il faut donc, dans le premier cas, 153 kilos de cannes pour obtenir 100 kilos de vesou (jus) et seulement 140 kilos dans le second.

Le rendement définitif en sucre est variable et dépend de la richesse des jus et du travail plus ou moins bon de l'usine, on peut dire que 100 kilos de cannes donnent de 8 à 9 kilos 1/2 de sucre.

RHUMS

Lorsqu'on a extrait des jus de la canne par trois opérations successives les sucres dits de premier, deuxième, troisième jets, il est presque impossible d'obtenir de nouvelles cristallisations, quoique les mélasses contiennent encore près de 50 0/0 de sucre cristallisable.

Ces mélasses résiduaires sont employées à la fabrication des rhums. 100,000 kilogrammes de sucre laissent des mélasses pouvant produire 10,000 litres de rhum.

Les appareils employés à Mayotte sont tous du système Savalle; ils sont d'un bon fonctionnement. Les rhums de Mayotte ont eu, de tout temps, une véritable renommée dans la mer des Indes, renommée, d'ailleurs, très justifiée.

A l'heure actuelle, les esprits sont, à juste titre, préoccupés du danger de certains alcools; il est donc utile de rappeler que les rhums de cannes sont exempts d'alcools supérieurs et d'éthers, qui rendent si dangereux l'usage de certains alcools d'industrie. Ce fait a été signalé depuis longtemps par un de nos savants professeurs de la Faculté de médecine. On peut donc espérer que, par la suite, les rhums et tafias produits de la canne à sucre remplaceront dans une large mesure les alcools d'industrie. Il est intéressant de rappeler que, sur 100 hectolitres d'alcools entrant dans la consommation de la France, on ne compte que 2 hectolitres d'alcool de vin, c'est-à-dire à peine un cinquantième.

En somme, la principale industrie de Mayotte est celle de sucre et de son dérivé le rhum. Il se fabrique annuellement environ 4,000 tonneaux de sucre et de 180,000 à 200,000 litres de rhum. L'industrie sucrière occupe près de 3,000 travailleurs.

La question des engagements de travailleurs est une des plus importantes pour les établissements sucriers dont les ateliers exigent 2.500 à 3.000 noirs. Mayotte ne pouvant fournir qu'un nombre restreint de travailleurs, il faut chercher les autres à l'étranger. Autrefois le recrutement à la côte d'Afrique était permis, mais depuis il a été interdit.

L'Afrique fermée, on a demandé à la nombreuse population de l'Inde les travailleurs noirs nécessaires à nos Colonies ; il suffit de jeter les yeux sur les statistiques criminelles de la Réunion par exemple, pour juger des résultats moraux de ce recrutement. Mayotte essaya donc de recruter ses travailleurs dans l'Inde ; un premier convoi fut amené par M. Sohiers de Vaucouleurs, en 1848, mais ces Indiens furent immédiatement atteints par les fièvres paludéennes ; la moitié mourut dans les deux premières années et on fut obligé de renvoyer les autres complètement cachectiques. Les Indiens ne pouvant vivre à Mayotte, le Gouvernement autorisa les engagements de travailleurs indigènes dans les autres Comores et c'est là que se recrutent aujourd'hui les ateliers de Mayotte.

VANILLE

Depuis quelques années la culture du vanillier a pris, à Mayotte, une grande importance ; le climat des Comores lui convient d'ailleurs admirablement. Une température plus chaude, plus humide, une végétation plus active semblent même créer à Mayotte des conditions très favorables au vaniller. La vanille de Mayotte, d'un parfum exquis, à fine odeur de thé, a été classée au premier rang, immédiatement après la vanille du Mexique si justement renommée.

Espèce — Le vanillier cultivé à Mayotte appartient à l'espèce Vanilla Planifolia, originaire du Mexique, cette espèce a d'abord été introduite à la Réunion et de là à Mayotte.

Organes de la plante. — Grosse comme l'annulaire, la tige du vanillier est ordinairement simple et sans rameaux quand elle monte verticalement, mais enroulée au sommet de son tuteur elle devient toujours rameuse. La tige est constituée par une série de parties cylindriques longues de quinze centimètres, séparées par des nœuds. Les feuilles, longues de 15 à 20 centimètres, charnues, croissent sur les nœuds. Les

Un plan de vanilliers à Mayotte

fleurs naissent à l'aisselle des feuilles sur un épi portant 15 à 20 fleurs ; les griffes et les racines adventives naissent aussi sur le nœud, de chaque côté de la feuille, en équerre.

La *griffe* est un simple organe de fixation qui ne sert pas à la nourriture de la plante.

La *racine adventive* ou aérienne est un organe de nutrition accessoire qui naît, seulement, lorsque les racines ordinaires meurent ou sont insuffisantes ; elles annoncent toujours une souffrance de la plante. Un vanillier en parfait état n'a pas de racines adventives.

Normalement la plante doit se nourrir uniquement à l'aide des racines développées sur les nœuds mis en terre. Ces racines grosses comme un tuyau de plume atteignent souvent la longueur d'un mètre et sont garnies de radicelles blanches. Ces radicelles sont toutes terminées par des spingioles ; elles s'enfoncent à peine dans le sol si excellent qu'il soit, elles vivent à sa superficie dans l'épais paillis qui doit les couvrir. Trouvent-elles un sol dur et battu, elles ne s'y enfoncent jamais, elles vont au loin chercher une terre meilleure ; très superficielles elles seraient infailliblement détruites par un grattage fait avec un instrument tranchant. Dans une vanillerie, toute herbe doit être arrachée à la main ; c'est une règle formelle, inflexible.

La *fleur* de la vanille contient les organes mâles (étamines) et les organes femelles (pistil), mais l'extrémité du stigmate est surmontée d'une membrane qui sépare complètement les organes mâles des organes femelles, et c'est cette membrane que l'on soulève avec un stylet quand on fait la fécondation artificielle pour amener le contact des étamines et du pistil. Jamais la fécondation n'a lieu naturellement à Mayotte.

Le *fruit* est une capsule charnue, longue de 15 à 25 centimètres pleine d'un suc verdâtre et contenant une immense quantité de graines noires, dures, extrêmement petites et stériles. La couleur du fruit est vert foncé, à maturité ; au moment de la cueillette, l'odeur est nulle. L'odeur ne se développe que sur les capsules qui, ayant dépassé le point de maturité se sont ouvertes, ont noirci.

Plantation du vanillier, choix du tuteur, abris. — Comme on le sait, le vanillier est une orchidée ; c'est une plante parasite qui vit en s'enroulant sur les arbres ou tuteurs mis à sa portée et qui ne se reproduit en culture que par le bouturage. Le seul tuteur employé aujourd'hui à Combani (1) est le pignon d'Inde (2) dont le développement est tel qu'il sert, à la ois, de tuteur et d'abri au vanillier (3). L'écorce du pignon d'Inde est molle et se laisse facilement percer par la griffe du vanillier, qui se trouve ainsi solidement fixé sur son tuteur. En général le pignon d'Inde se plante en boutures.

Il faut choisir des boutures fortes, droites, grosses au moins de 0m05 à leur petite extrémité et longues de 2 mètres. Ces boutures seront enfoncées de 0m40 en terre et fortement fixées en pilant vigoureusement la terre autour d'elles dans le trou préparé pour les recevoir. Pendant plus de deux ans, en effet, malgré son développement considérable, ce tuteur n'aura que de faibles racines incapables de le soutenir et ne pourra résister au vent et demeurer droit que s'il est fortement enfoncé en terre.

Il est infiniment plus pratique de semer 18 mois à l'avance une graine de pignon d'Inde qui produit un tuteur excellent dont le pivot est profondément enfoncé en terre et qui peut résister aux vents les plus violents, même aux cyclones.

La chute d'un tuteur est toujours un accident grave, parce qu'en séparant le vanillier de son tuteur qu'il faut remplacer,

---

(1) Combani est une propriété de Mayotte où la culture de la vanille est pratiquée sur une grande échelle.
(2) Petit pignon d'Inde. Jatropha curcas (Euphorbiacées).
(3) A Maurice et à la Réunion, le pignon d'Inde est rabougri, chétif et peut à peine porter le vanillier : aussi les abris sont indispensables dans les vanilleries.

on arrache les griffes qui sont toujours brisées, et que souvent aussi on est exposé à briser le vanillier qui est très fragile.

La hauteur du tuteur au-dessus du sol doit être d'environ 1ᵐ50. Les branches qui naîtront du sommet d'un pareil tuteur permettront l'enroulement de la liane à une hauteur qui facilitera toutes les opérations, fécondation et cueillette. On ne doit jamais laisser naître de rameaux sur le pignon d'Inde depuis sa base jusqu'à la hauteur de 1ᵐ50 afin de toujours avoir le vanillier bien apparent.

Après bien des essais de toute nature, on a fini par adopter la plantation du vanillier en sillons distants de 1ᵐ50 à 1ᵐ75 et à 1ᵐ20 de distance dans le sillon, ce qui donne, *environ*, 5.000 vanilliers à l'hectare.

Abri. — Le développement du pignon d'Inde à Mayotte est tel qu'il est un abri suffisant pour garantir le vanillier ; il faut souvent même le dégarnir de ses feuilles qui donnent trop d'ombre. Autant les racines du vanillier ont besoin d'une protection, d'un abri, autant le sommet de la plante a besoin du soleil qui murit les fruits et leur donne leur parfum.

Choix de la bouture. Plantation de la bouture. Paillis. — La meilleure bouture est le rameau né en pleine saison sèche, au mois de juin, un peu avant la floraison. Ce rameau ne doit être mis en terre qu'au mois de novembre quand il est bien aoûté ; planté avant, il pourrit ou donne des pousses chétives. Les nœuds de ce rameau très rapprochés à sa base donnent naissance à de nombreuses racines et sa reprise est certaine (98 fois sur 100) quand il a été choisi à maturité, et détaché avec soin.

A défaut de ces rameaux, on peut faire des boutures prises sur des lianes vigoureuses, à nœuds courts et gros, à feuilles épaisses, bien nourries et n'ayant pas produit de bourgeons floraux. L'idéal serait d'avoir un champ de vanilliers sur lesquels on ne pratiquerait jamais la fécondation des fleurs et

qui serait réservé à la production de ces boutures. La fécondation artificielle des fleurs de vanille est, en effet, un procédé
contre nature qui, pratiquée incessamment, amène fatalement
la dégénérescence de la plante et sa disparition.

La bouture doit avoir environ un mètre de longueur,
jamais plus ; planter des boutures longues en vue de les
voir fleurir et de les féconder l'année suivante est une pure
hérésie.

Coucher 0m30 de la bouture au pied du tuteur, enfouir cette
partie de la bouture, horizontalement, à quelques centimètres
de profondeur, recouvrir le tout de terre bien meuble, dresser
verticalement le reste de la bouture contre le tuteur et l'y fixer
à l'aide d'un lien, voilà tout. La bouture de vanille mise en
terre au commencement de la saison pluvieuse n'a que peu
besoin d'abri pendant l'hivernage. Mais vers le mois d'avril il
faut faire un paillis pour protéger les racines et les radicelles
toutes superficielles qui seraient sûrement tuées par le soleil
pendant la saison sèche. Une graminée nommée vulgairement
Manévi et les feuilles de Vétivert sont les plantes le plus
communément employées à Mayotte pour faire ce paillis qui
doit être épais, bien tassé afin d'empêcher les limaçons d'aller
s'y abriter, et occuper toute la longueur du sillon. Un paillis
bien établi est l'âme d'une vanillerie. Le paillis doit être
renouvelé chaque année.

Floraison. Fécondation. — Le vanillier fleurit souvent 8 à
10 mois après sa plantation, mais il est mal enraciné à ce
moment, et le féconder serait compromettre son existence ;
toutes ces premières fleurs doivent être sacrifiées. Les fleurs
ne doivent être fécondées que vingt mois après la plantation
de la bouture, encore doit-on procéder avec ménagement,
proportionnant toujours le nombre des fleurs fécondées à
l'âge et à la vigueur du vanillier. Féconder 15 fleurs sur un
vanillier de 20 mois, 30 à 40 l'année suivante, pour arriver à

7

un maximum de 50 sur les plants les plus vigoureux semble une sagesse pratique.

A Mayotte, la floraison commence vers le mois de juin, les plants chétifs et malades donnant les premières fleurs, quelques fleurs sont fécondées en juillet et août, fin d'août la fécondation devient abondante pour atteindre son maximum en septembre, décroître rapidement en octobre et cesser brusquement d'un jour à l'autre.

Voici, comme exemple, la floraison de la vanillerie de Combani en 1895 :

Fleurs fécondées du 1er au 20 juin 1895	....	5.280
— — du 20 juin au 20 juillet	....	8.820
— — du 20 juillet au 20 août	....	233.150
— — du 20 août au 20 septembre	......	1.209.640
— — du 20 septembre au 20 octobre	...	524.340
Nombre total des fleurs fécondées.		1.981.230

Les boutons floraux paraissent à l'aisselle des feuilles, grossissent rapidement, bientôt l'épi apparaît, puis, successivement, chaque bouton floral grossit, s'allonge et s'épanouit (toujours la nuit) ; une abondante rosée ou une légère pluie favorisent et hâtent cet épanouissement. La fleur s'est épanouie le matin, et il faut que la fécondation soit faite de bonne heure, avant onze heures du matin ; après cette heure la fleur se flétrit. Tenant un petit stylet de la main droite, le vanilleur prend la fleur de sa main gauche, la perfore au sommet au dessous du stigmate, relève l'opercule à l'aide du stylet, et pressant à fleur a l'aide de la main gauche, il amène le contact des organes mâles et femelles (1). La fécondation demande une

(1) Un bon ouvrier féconde 2 à 3.000 fleurs dans sa matinée ; il tient sa comptabilité en faisant un nœud sur une corde, toutes les fois qu'il a fécondé 10 fleurs. Les chiffres donnés par ces ouvriers sont, en général, exagérés, mais aucun contrôle n'est possible.

main délicate, celle d'un enfant ou d'une femme, une main dure meurtrit la fleur, et le vanillon est aussi bien le résultat d'une fécondation brutale que d'une trop abondante fécondation.

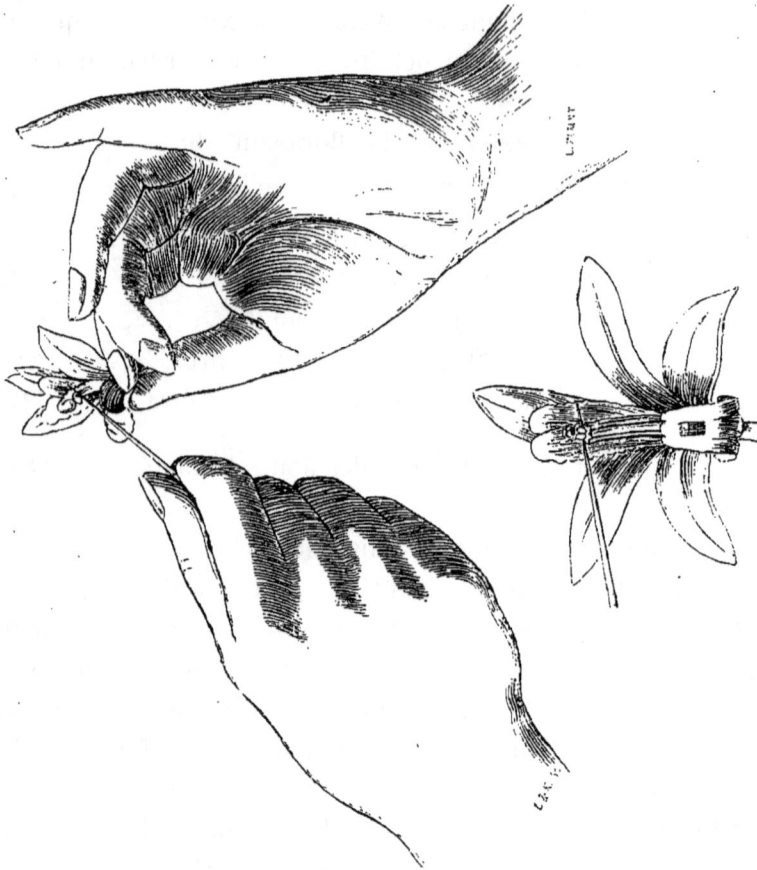

Opération de la fécondation des fleurs du vanillier

Si la fécondation a été bien faite, l'ovaire grossit promptement et demeure surmonté de sa fleur fanée mais longtemps persistante ; si au contraire la fécondation est mal faite, la fleur tombe presque aussitôt ainsi que l'ovaire.

L'ovaire d'une fleur bien fécondée grandit à vue d'œil, et au bout de 60 jours il atteint presque la longueur qu'il aura lors de la cueillette, grossissant seulement et s'arrondissant. Et cependant cinq à six mois s'écouleront encore avant que la maturité du fruit soit complète. Les premières fleurs ont été fécondées fin de juillet, et les premiers fruits n'arriveront à maturité qu'au mois d'avril suivant, soit huit mois après.

Récolte de la vanille. — Vers la fin de l'hivernage, dans les premiers jours d'avril, la gousse de vanille approche de sa maturité, elle est dure, gonflée et elle s'incurve. Quand la maturité est proche, une tache jaune apparaît, comme un point, à l'extrémité du fruit, puis de ce point partent des lignes jaunâtres dessinant les arêtes du fruit, il faut se hâter de cueillir cette gousse (1) car le lendemain elle pourra s'ouvrir, surtout s'il pleut.

Cueillie avant maturité la gousse donnera un produit sans parfum, d'une médiocre apparence et sans givre ; cueillie un jour plus tard la gousse sera fendue et quoiqu'ayant un excellent parfum, elle perdra de sa valeur. La cueillette demande donc la plus grande attention.

La gousse de vanille n'a aucun parfum au moment où elle est récoltée ; la belle couleur noire et le parfum ne se développeront que pendant la préparation.

Si, dans un champ, vous sentez l'odeur de la vanille, cette odeur est due à une gousse oubliée qui s'est fendue et a séché sur pied.

Epoque de la récolte. — Voici l'exemple de Combani déjà cité en 1895 :

Quantité de vanille verte récoltée du 1er au 20 avril, 369 kilos.

Quantité de vanille verte récoltés du 20 avril au 24 mai, 3.218 kilos

(1) Gousse est un nom impropre, il faudrait dire capsule ; mais le mot gousse a prévalu et est seul employé.

Quantité de vanille verte récoltée du 24 mai au 10 juin, 3.323 kilos.

Total de la vanille verte récoltée à Combani en 1895 et provenant de la fécondation de 1.981.230 fleurs, 6.910 kilos.

La récolte peu abondante en avril atteint son maximum vers la fin de mai pour finir brusquement, en juin presque d'un jour ou l'autre (1).

Quantité de vanille verte employée pour avoir un kilogramme de vanille préparée (2)

En 1888, il a fallu 3 kil. 53 de vanille verte pour avoir un kilogramme de vanille préparée.

En 1889, il a fallu 4 kil. 24 de vanille verte pour avoir un kilogramme de vanille préparée.

En 1890, il a fallu 3 kil. 85 de vanille verte pour avoir un kilogramme de vanille préparée.

En 1891, il a fallu 3 kil. 72 de vanille verte pour avoir un kilogramme de vanille préparée.

En 1892, il a fallu 3 kil. 50 de vanille verte pour avoir un kilogramme de vanille préparée.

En 1893, il a fallu 3 kil. 42 de vanille verte pour avoir un kilogramme de vanille préparée.

En 1894, il a fallu 3 kil. 63 de vanille verte pour avoir un kilogramme de vanille préparée.

En 1895, il a fallu 3 kil. 44 de vanille verte pour avoir un kilogramme de vanille préparée.

En 1196, il a fallu 3 kil. 27 de vanille verte pour avoir un kilogramme de vanille préparée.

En 1897, il a fallu 3 kil. 51 de vanille verte pour avoir un kilogramme de vanille préparée.

En 1898, il a fallu 3 kil. 48 de vanille verte pour avoir un kilogramme de vanille préparée.

(1) La même remarque a été faite pour la floraison.
(2) Tous ces chiffres sont empruntés à la propriété à Combani.

En 1899, il a fallu 3 kil. 22 de vanille verte pour avoir un kilogramme de vanille préparée.

En moyenne, il a fallu 3 kil. 57 de vanille verte pour obtenir un kilogramme de vanille préparée (1).

Proportion des fleurs fécondées ayant fructifié

40 % seulement des fleurs fécondées ont donné des fruits à maturité, et d'une façon générale, on peut dire qu'il faut féconder 800 fleurs pour récolter 3 kil. 57 de vanille verta ou un kilogramme de vanille préparée.

Durée de la vie du Vanillier, sa production. — Un vanillier bien planté, bien soigné, dont les fleurs n'ont été fécondées qu'au bout de vingt mois, vit environ sept ans et donne cinq récoltes. La moyenne de la production d'un vanillier varie de 25 à 50 grammes suivant la force et l'âge de la plante. A Combani, deux fois, la moyenne a dépassé 60 grammes par plant.

Préparation. — Tous les soirs la vanille cueillie dans la journée est pesée, classée par grosseur, les vanilles devant séjourner plus ou moins longtemps dans l'étuve en raison de leurs dimensions, puis elles sont placées dans des boîtes métalliques (A) bien étanches garnies de grosse flanelle à l'intérieur et munies de couvercles. Ces boîtes, d'une contenance d'environ 25 litres reçoivent chacune 7 à 8 kilos de vanille verte et sont placées dans une grande caisse métallique (B) qui peut contenir 8 à 10 boîtes ; elles sont maintenues fortement en place par des fers (F) qui les empêcheront de se soulever lors de l'introduction de l'eau. Ceci fait la grande caisse est fermée par un couvercle, et on introduit de l'eau bouillante dans la caisse qui est remplie jusqu'à un niveau inférieur de ou 3 centimètres aux couvercles des boîtes. Le tout est entouré d'épaisses couvertures de laine.

Les boîtes contenant les petites vanilles sont retirées après

---

(1) Tous ces chiffres sont empruntés à la propriété de Combani.

douze heures de séjour dans l'étuve ; les autres y sont maintenues quinze à seize heures.

Au sortir de l'étuve les vanilles ont pris une couleur marron,
elles sont alors mises dans les plis d'une couverture de laine
et exposées au soleil. Le soir, ces couvertures sont enroulées
avec les vanilles qu'elles contiennent et mises au chaud.

L'Exposition au soleil dure trois ou quatre jours au plus.
Après ce moment les vanilles sont essuyées et mises sur des
claies dans un bâtiment bien aéré ; il faut environ deux mois
de séjour sur ces claies où elle est visitée chaque jour, essuyée
avec une fine flanelle de laine pour donner à la vanille la
couleur et la siccité nécessaire.

A ce moment la vanille est mesurée, classée suivant sa longueur et mises dans des malles métalliques fermant bien où
elle demeure en observation pendant un mois au moins. Enfin
elle est mises en paquets de 50 gousses et attachée avec des
liens et mises en boîtes pour être expédiée en Europe.

Les expéditions ont lieu fin de septembre et fin d'octobre.
Quand la vanille est expédiée de Mayotte elle a sa couleur
définitive et son parfum, mais le givre ne s'est pas encore produit ; c'est généralement 30 à 40 jours après l'arrivée en Europe
qu'apparaît ce beau givre si apprécié.

CAFÉIER

Jusqu'à ces derniers temps, le caféier avait été peu cultivé
à Mayotte. Dans ces dernières années, après la destruction
du caféier moka par le parasite, l'hémileia vastatrix, les
propriétaires de Mayotte ont planté beaucoup de caféiers
Libéria, qui résistent aux ravages du parasite.

Plus de 100,000 caféiers Libéria ont été ainsi plantés depuis
quatre à cinq ans ; malheureusement, le café Libéria, quoique
de saveur et de parfums excellents, est de vilaine apparence ;
le grain est gros, irrégulier, de couleur variée, et l'acheteur

ne l'accepte pas volontiers. Toutefois, il se produit, depuis quelques années, une transformation du café Libéria, dont les grains deviennent petits et ronds.

Aujourd'hui, le sulfatage à l'aide de la bouillie bordelaise ayant facilement détruit l'Hemileia, tous les planteurs songent à remplacer le caféier Libéria par le moka ou les variétés fines, et de nombreux essais sont faits pour introduire ces espèces, qui réussissent tout aussi bien que le Libéria. Avant peu Mayotte produira de sérieuses quantités de café.

Les cultures du cacaoyer, du cocotier, du tabac, de l'agave, du coton et de la cannelle ont été aussi essayées à Mayotte, mais les résultats commerciaux ayant été peu satisfaisants, toutes ces cultures ont été un peu délaissées.

COTONNIER

Le cotonnier existe presque partout aux Comores à l'état sauvage. On le rencontre à la porte de beaucoup de villages, sous forme d'arbuste vivant plusieurs années; mais la fibre de ce cotonnier est courte et grosse et ne convient guère qu'à la fabrication des lambas et surtout à celle des oreillers et des matelas indigènes.

Le climat semblant favorable à cette culture, plusieurs essais furent tentés, en 1886 et 1888, avec les graines des variétés sea island et georgie longue-soie. Semées au mois de novembre, au commencement de la saison pluvieuse, ces graines produisirent des cotonniers très vigoureux, donnant leurs fruits exactement cinq mois après. Taillés après la récolte, ces cotonniers ont encore vécu trois années et fourni pendant ce temps des récoltes annuelles appréciables.

Tous ces essais, la beauté des produits obtenus, les quantités récoltées à l'hectare (250 kilos de cotons et 750 kilos de graines) sont des encouragements sérieux pour répandre cette culture aux Comores et à Mayotte.

Un verger à Mayotte (plaine de Combani)

COMMERCE

Il n'existe à Mayotte, à proprement parler, qu'un seul port, celui de Dzaoudzi, et qu'un seul marché, celui de M'Sapéré. La plus grande partie du commerce est entre les mains des Indiens, qui font venir par des boutres de Zanzibar et de Bombay les toiles et objets de toute nature à l'usage des indigènes, et de Madagascar, le riz nécessaire à la consommation intérieure de l'île.

Toutefois, depuis l'application de la loi du 11 janvier 1892, la plupart des tissus viennent de France, et les Indiens commencent à s'adresser, pour leurs approvisionnements, à nos grands magasins de Paris (Louvre, Bon-Marché et Printemps principalement).

L'argent de la Colonie, autrefois drainé par les Indes et Zanzibar, reste donc maintenant à Mayotte; car les marchands font leurs paiements en France à l'aide de traites que leur donnent les planteurs des Comores.

La loi de 1892 a rendu ainsi un grand service au marché français et les propriétaires de Mayotte peuvent se procurer aujourd'hui, sans frais, l'argent nécessaire à leurs besoins.

Quelques détaillants français tiennent aussi des débits de boissons et approvisionnent le petit nombre d'Européens qui ne font pas venir eux-mêmes directement de France ou de la Réunion ce dont ils ont besoin. La part de la France dans le commerce d'importation est, depuis quelques années, devenue considérable; elle se compose de machines, vivres, vins, boissons de toute nature, effets d'habillements, savon, etc., à l'usage des Européens et des indigènes. La valeur totale de ces importations s'élève annuellement à 600,000 francs environ. La part de l'étranger, au contraire, a beaucoup diminué : Madagascar fournit encore les bœufs et le riz; mais Zanzibar et Bombay, qui approvisionnaient autrefois de marchandises américaines, allemandes et surtout anglaises, les magasins des commerçants hindous, n'importent pas aujourd'hui pour plus de 60 à 70,000 francs. L'île de la Réunion importe aussi annuellement à Mayotte des machmès, des sacs de vacoa, du riz décortiqué de l'Inde et des vivres et boissons de toute nature pour une somme assez élevée. Comme exportation, Mayotte expédie en France, annuellement, 3,500 tonnes de sucre, un peu de café, 80,000 à 90,000 litres de rhum et 3,500 kilos de vanille environ, ses seules productions au point de vue commercial. Elle exporte annuellement, pour Zanzibar et l'Inde, 700 à 800 tonnes de sucre, et pour Madagascar, 100,000 litres de rhum. Toutes les autres productions agricoles du pays, riz, maïs, etc., sont consommées dans la Colonie.

Commerçants exportateurs à Mayotte

NOMS et Etablissements	NATURE de l'établissement	MARCHANDISES exportées
Dzoumagné M. Adam, directeur	Usine	Sucre, rhum, vanille et café
Longoni M. Cerveaux, directeur	Usine	Sucre, rhum, vanille et café
Combani M. Maillet, directeur	Usine	Sucre, rhum, vanille et café
Soulou M. Michelet, directeur	Usine	Sucre, rhum, vanille et café
Angouzou M. Collet, directeur	Plantations	Vanille et café
Angouzou M. J. Heurtin, directeur	Plantations	Vanille et café
Angouzou M. Poudroux, directeur	Plantations	Vanille et café
Angouzou M. R. Léon, directeur	Plantations	Vanille et café
Angouzou M. Cerveaux, directeur	Plantations	Vanille et café
Angouzou M. V. Lebon, directeur	Plantations	Vanille et café

Entreprises industrielles et agricoles à Mayotte

NOMS ET ADRESSES dans la Colonie	NATURE DE L'EXPLOITATION Capital et date de l'établissement
Kangani à M. de Bellemare	Canne à sucre, café, cacao, vanille Fondée en 1882
Compagnie des Comores Touchais, directeur	Canne à sucre, café, vanille Fondée en 1850
Ajangna Touchais, directeur	Canne à sucre, café, vanille, cacao Fondée en 1850
Irani-Bé à M. Adam	Café, vanille, canne à sucre Fondée en 1886
Miréréni-Kel aux héritiers Langlois	Café, vanille Fondée en 1883
Miambani à M. Démarest	Café, vanille Fondée en 1895
Qualey à M. J. Leclerc	Café, vanille Fondée en 1898
Qualey à M. H. Prat	Café, vanille Fondée en 1897
Dzoumougné M. Adam, directeur	Sucrerie, distillerie, plantations Date de 1858
Longoni M. Cerveaux, directeur	Sucrerie, distillerie, plantations Date de 1860
Combani à MM. de Feymoreau et Mazaré	Sucre, café, vanille, distillerie, plantations Date de 1860
Soulou M. Michelet, directeur	Café, vanille, canne à sucre et distillerie Date de 1859
Angouzou M. Heurtin, directeur	Vanille et café Date de 1886
Angouzou M. Collet, directeur	Café, vanille, manioc, maïs Date de 1886
Angouzou à M. R. Léon	Vanille, café, plantations Date de 1894
Angouzou M. F. Poudroux, direct.	Vanille et café Date de 1896
Dapany à M. L. Touchais	Cultures diverses, exploitations de bois de construction; date de 1895
Angouzou à M. Cerveaux	Plantations diverses Date de 1886
Angouzou à Mme veuve Lebon	Plantations diverses Date de 1896

MAYOTTE

Dressée par M.A.Meunier

Légende

○ *Ville*
○ *Village*
+ *Poste*
◦ *Usine*
• *Luxarel*
═ *Route*
── *Sentier*

R.^f du Nord

I.M'Zamboureu

C. Duamuniu

Grand récif du Nord-Est

I.Choazil

Montsara

I.Andrema

M'Zambourou

Fombani

Mangabé

Acua

P^{te}Acua

Moliha

Soulou

Bandamagi

Magi M'bini

B^eSoulou

Montsapéré

Mamoutzou

Chingou

Dzaoudzi

Choa

PAMANZI

Dzaoudréni

M'Sâpéré

Rassi

Combani

Passamenti

Pamnzi

Bouzi

Amboutou

Débarc

L'Jangua

P^{te}Sud

Jouogoni

Uoni

Ajangua

Amora

Aaro

P^{te} Boeni

B^e de Boeni

Mireréni

I.Bandeli

Moussatoudgu

Mouxuza

Haroni

Moukiaza

Caroni

Miambani

Oulhongu

Cani-Be

Moussamoudou

p^{te}cani

Mouron

P^{te} Saziley

B^eCani

Abija

Bababi

Bois

P^{te} Dapani

I.Bouni

Echelle de

10   5   0   5   10 Kil

A.Meunier

12°30' 42°40' 50' 43° 12°30'
40'
50'
13°

CHAPITRE IV

GRANDE COMORE

GÉOGRAPHIE

L'île de la Grande Comore ou Angaziga fait partie du groupe qui, avec Anjouan et Mohéli, forme l'archipel des Comores.

Placée le 6 janvier 1886 sous le protectorat de la France, par le sultan Saïd-Ali, elle est administrée, depuis décembre 1886, par des résidents.

La Grande Comore, ainsi nommée parce qu'elle est la plus considérable de l'archipel, se trouve au Nord-Ouest du groupe à environ 160 milles de distance de la côte d'Afrique, à 28 milles de Mohéli et 50 milles d'Anjouan.

Ella a une forme assez régulière qui représente vaguement celle d'une chaussette dont le talon serait formé par le cratère de Mandzaza.

Sa longueur orientée presque franchemement nord-sud est de 60 kilomètres et sa largeur moyenne de 18.

HISTOIRE DE L'ILE

La Grande Comore a toujours été partagée entre plusieurs petits souverains, qui exerçaient le pouvoir politique par l'in-

termédiaire de ministres et de chefs de village, et le pouvoir
judiciaire par l'intermédiaire de cadis nommés par eux-mêmes. Ces petits sultans étaient constamment en lutte, et la
tranquillité ne régnait dans l'île que lorsque l'un de ces chefs,
vainqueur de tous ses rivaux, exerçait la suprématie sur tout
le pays et prenait le titre de sultan-thibé de la Grande-Comore.

En 1844, deux des plus importants de ces souverains se
trouvaient en compétition ; l'un d'eux Fombarou était soutenu par l'Iman de Mascate, qui prétendait avoir la souveraineté de l'île ; son compétiteur Akmet rechercha le concours de la France ; mais le Gouvernement français prescrivit
à ses agents de ne s'immiscer en rien dans ses querelles. Livré
à ses propres forces, Akmet mit huit ans à triompher de son
adversaire et en 1852, après sa victoire définitive, il demanda
encore la protection de la France, pour consolider sa situation
d'une façon absolue ; mais cette offre fut encore déclinée
comme la précédente.

La fin du règne du sultan Akmet fut troublée par la révolte
de Moussa-Foumou, héritier des droits de Fombarou ; le vieux
sultan-thibé fut vaincu après une courte lutte, et il ne tarda
pas à mourir dans les prisons de son adversaire.

Saïd Ali, petit-fils et héritier d'Akmet, quitta Mayotte où il
s'était réfugié, et rentra en possession de son sultanat subalterne de Bambao, grâce à l'intervention du sultan de Zanzibar ;
puis, jetant le masque, il se révolta contre Moussa-Foumou,
réussit à le vaincre avec l'aide du sultan d'Anjouan et prit le
titre de sultan-thibé de la Grande-Comore (1881). Le pouvoir
de Saïd Ali ne fut fermement établi que lorsqu'il eut comprimé
avec l'aide du sultan d'Anjouan, une révolte de Moussa-Foumou, que soutenait le sultan de Zanzibar et qui sollicitait
l'appui de l'Angleterre (1883) ; pendant cette lutte Saïd-Ali
sollicita plusieurs fois l'appui du Gouvernement français et

après sa victoire, il supplia la France de consacrer sa souveraineté sur les autres sultans et demanda encore à se placer sous son protectorat.

Sur ces entrefaites, un naturaliste français, M. *Humblot*, chargé d'une mission scientifique, débarqua à la Grande

Types de cadis comoriens

Comore, où il resta pendant dix-huit mois. Pendant son séjour dans l'île, des Allemands vinrent offrir à Saïd-Ali des armes et de l'argent, en échange du protectorat allemand.

En présence de ces propositions, M. Humblot n'hésita pas à sortir de son rôle et il offrit à Saïd-Ali de s'entremettre pour placer la Grande Comore sous le protectorat français.

8

M .Humblot rentra en France, muni d'une lettre du sultan, pour obtenir la sanction du Gouvernement français ; mais à cette époque, la France était engagée dans de trop nombreuses entreprises coloniales, pour entamer une nouvelle affaire et le ministre déclina l'offre de M. Humblot, en l'engageant à agir pour son propre compte.

De retour aux Comores, le 5 novembre 1885, à bord du *Boursaint* et en présence du commandant Marin-Darbel, M. Humblot signa un traité définitif avec le sultan Saïd-Ali, Ce traité ne plaçait pas les Comores sous le protectorat français, mais il stipulait que le sultan ne pourrait se placer sous le protectorat d'aucun Etat sans le consentement de la France. Les autres articles du traité constituaient une convention commerciale entre les parties contractantes.

Pour la signature de ce traité, Saïd-Ali était assisté de tous ses ministres et de tous les ministres des sultans subalternes, sans que d'ailleurs aucun sultan subalterne ne fut présent.

La signature de ce traité fut le prétexte de la révolte du prince Achimou, mécontent de la répartition des dépouilles des Moussa-Foumou ; tandis que le rebelle était soutenu par les ministres révoltés et encouragé en sous-main par les Allemands, M. Humblot mit à la disposition de Saïd-Ali, de l'argent, des armes et des munitions et sollicita pour lui le secours du gouvernement français.

Saïd-Ali était assiégé dans sa capitale et presque réduit à la dernière extrémité, lorsque M. Gerville-Réache, gouverneur de Mayotte arriva sur le La Bourdonnais. Un traité fut aussitôt signé (6 janvier 1886) entre Saïd-Ali et M. Gerville Réache, à bord du La Bourdonnais et en présence des officiers de ce navire, de deux ministres de Saïd-Ali et d'un seul sultan subalterne. Par ce traité, Saïd-Ali s'engageait à accorder une situation prépondérante au gouvernement français dans les affaires de l'île et à ne traiter avec les nations étrangères qu'avec l'assentiment de la France; en outre il remettait à la France le soin de régler sa succession, en cas de mort violente.

Saïd-Ali retira de ce traité des avantages immédiats ; grâce à l'appui des troupes françaises, il vainquit Achimou qui fut interné à Diégo-Suarez, et il réussit à faire reconnaître son autorité sur toute l'île.

Il résulte donc de ce qui précède, que le traité de protectorat fut signé avec un prince, maître de l'île en droit, mais non en fait et que l'intervention des troupes françaises permit seule à ce sultan de rétablir sa suprématie sur tout le pays.

Tandis que M. Humblot partait pour Paris, afin de créer une société pour l'exploitation de l'île, le gouvernement français envoya un résident à la Grande Comore. Dès son retour, M. Humblot se trouva dans les plus mauvais termes avec ce fonctionnaire : le sultan se rangea dans le parti de M. Humblot, qui avait toujours eu sa confiance, et témoigna d'une certaine hostilité vis-à-vis du résident et de ses successeurs.

Témoin de ces dissentiments, le prince Achimou évadé de Diégo Suarez crut le moment propice pour se révolter en arborant le *pavillon allemand* ; mais le *Beautemps-Beaupré* vint au secours de Saïd-Ali et Achimou vaincu ne survécut pas à sa défaite.

Sur ces entrefaites, sans d'ailleurs qu'il l'eut demandé, le poste de résident fut définitivement confié à M. Humblot (novembre 1889) qui revenait de Paris, où il avait conféré avec le ministre et qui se trouva dès lors cumuler ces fonctions (sans traitement) avec les fonctions de directeur de la Compagnie des Comores.

M. Humblot eut d'abord une grande influence sur l'esprit du sultan, et les mécontents prirent même prétexte de cette intimité, pour accuser Saïd-Ali d'avoir asservi l'île à la France. Les révoltés encouragés par l'impunité, dévastèrent les propriétés de M. Humblot et menacèrent le sultan, qui, craignant pour sa vie, se réfugia à Mayotte sous un déguisement (mars 1891). Après quelques hésitations, le commandant de la division navale de l'océan Indien envoya le *Boursaint* pour transporter à la Grande Comore un détachement d'infanterie de marine et grâce à ce concours, l'ordre fut promptement rétabli, la révolte comprimée et les ministres compromis déportés à Obock.

M. Humblot réorganisa aussitôt l'administration et en attendant la rentrée du sultan, gouverna l'île, en son nom, à la tête du conseil des Cadis.

À son retour, Saïd-Ali sanctionna les réformes par le traité du 5 janvier 1892. Le protectorat fut rendu plus effectif, un budget régulier fut établi et une liste civile fut accordée au sultan. En outre, l'on supprima les fonctions des ministres ainsi que les cinq sultanats particuliers de l'île, en sorte que, dans toute la Grande Comore, il n'y eut plus entre le sultan-thibé et le peuple, que les chefs de village et les douze cadis chargés de rendre la justice dans les douze provinces ; ces agents nommés par le sultan sur les conseils du résident, et révocables par lui avec l'agrément du résident présentaient de grandes garanties pour la sécurité de l'île.

Enfin l'organisation fut complétée par la création d'un tribunal mixte.

OROGRAPHIE

Le centre de l'île, en entier, est formé par un massif montagneux qui, suivant le grand axe dans la direction nord-sud partage l'île en deux versants bien distincts. Celui de l'est battu par la houle et les vents du large est le plus aride et le moins peuplé. Le versant ouest, plus à l'abri, reçoit beaucoup plus d'eau venant des nuages arrêtés par le massif du grand cratère du Karthala et est beaucoup plus verdoyant ; c'est aussi la région la plus boisée et la plus fertile.

Le massif montagneux de la Grande Comore forme trois portions bien distinctes. La partie nord de l'île qui était jadis occupée par une quantité de cratères éteints depuis longtemps, l'activité volcanique s'étant déplacée avec les âges allant du nord au sud où se trouve encore un volcan en activité. Presque toutes les montagnes de l'île affectent des formes géométriquement simples de cônes réguliers à pentes plus ou moins raides et de pyramides tronquées où la forme du cratère apparaît laissant voir sur un des côtés de la pyramide la large échancrure qui a servi à l'écoulement des laves. Tous ces cratères sont cannelés du haut en bas de petits ravins et de crevasses formées par les pluies.

Cette partie du nord s'élève en pente douce jusqu'à une altitude de 600 à 700 mètres ; le massif forme alors un plateau irrégulier parsemé de nombreux cratères qui font paraître de loi cette portion de l'île comme une immense crête de coq.

La partie centrale de l'île est formée par le grand massif du Kartala et séparée de l'autre partie par un col situé vers le milieu de l'île un peu plus au Nord, ayant une altitude de 500 mètres et permettant de communiquer de la côte ouest à la côte Est.

Le massif du centre a un relief considérable surtout au grand cratère du Karthala où il atteint l'altitude de 2.600 mètres et même, d'après certains auteurs, 3.000 mètres.

Le cratère du Karthala, appelé aussi Djougou Dja Dsaha « marmite de feu » forme un immense dôme arrondi couvert d'une épaisse calotte de laves et de scories de plus de 500 mètres d'épaisseur, sillonnée par de nombreux ravins. Cette montagne imposante avec ses escarpements noirâtres dominant les flots bleus et sa guirlande de cocotiers, présente un des tableaux les plus grandioses de l'océan Indien.

Au centre du dôme se trouve le grand cratère, éteint depuis près d'un siècle, car il y pousse à l'intérieur des bruyères énormes qui doivent avoir cet âge-là. Sa forme est celle de trois immenses criques accouplées formant le trèfle, ayant ensemble une largeur générale de près de 4 kilomètres et une profondeur de 150 à 200 mètres. Au centre se trouve une deuxième excavation de forme ronde d'une largeur de 500 mètres à bords taillés à pic jusqu'à une profondeur de plus de 100 mètres et où personne n'a jamais pu descendre. On aperçoit au milieu de cet immense entonnoir un trou noir béant qui est la cheminée centrale du volcan.

Dans le Sud-Ouest du grand cratère, à environ 5 kilomètres se trouve encore un centre d'activité volcanique non éteint et qui laisse dégager de temps à autre des vapeurs et de la fumée. C'est dans cette direction et en redescendant la montagne que, en 1860, a eu lieu la grande éruption qui a dévasté en partie la province de Bandjini.

Les coulées de lave ne sont sorties d'aucun cratère; après une convulsion de cette partie de l'île, sans grand tremblement de terre, la partie Nord de la province de Badjini s'est crevassée sur une longueur de 7 à 8 kilomètres et par ces fentes sont sorties, à deux reprises différentes, à une année d'intervalle, d'énormes coulées de laves en fusion qui ont recouvert en partie le plateau de Nyumamilima et sont descendues jusqu'à la mer sur les deux versants de l'île.

La partie sud-extrême de l'île forme un troisième petit massif montagneux séparé du grand massif central par le petit plateau de Nyumamilima élevé de 400 mètres.

C'est la seule partie de l'île où l'on retrouve encore, à quelques endroits, les roches et les terrains des anciens soulèvements qui ne soient pas recouverts par des laves, roches ou déjections volcaniques. Près de Morotso, de Rovéni, de Chindini on trouve du granit gris bleu et quelques roches de quartz ainsi que de la terre franchement argileuse : partout ailleurs, sur toute la surface de l'île on ne rencontre que des roches provenant des anciens volcans en éruption, grès brûlés, basaltes, trachytes, laves vitrifiées, scories, bombes volcaniques, ponces plus ou moins compactes, pouzzolane, des tufs volcaniques et des masses de roches légères, rouges ou grises,

Costumes et coiffures de Comoriennes

ressemblant à de la terre cuite et exhalant sous la pluie l'odeur de chlore. En général, les terrains sont formés de couches successives de laves, de scories et de cendres diversement coloriées qui, désagrégées et décomposées peu à peu composent le sol actuel de la Grande Comore.

L'île étant d'un seul bloc montagneux et régulier, sans

aucune vallée, il ne s'est pas formé dans les bas à la suite de l'écoulement des eaux, des plaines chargées de terres d'alluvion, comme dans les autres îles de l'archipel et les quelques petites plaines qui existent sur le bord de la mer sont parsemées de nombreuses roches et scories comme le reste des autres terres.

Les laves franches recouvrent le tiers au moins de la superficie de l'île et rendent ces parties complètement incultes, de nombreuses coulées relativement récentes sillonnent l'île du haut en bas, surtout dans la région du sud et se voient de loin. Quelques-unes ont formé des culots en s'arrêtant le long des pentes, mais la plupart sont arrivées jusqu'à la mer où alors elles se sont étendues sur de grandes largeurs en formant des pointes arrondies. Les dernières coulées sont presque toutes composées d'une espèce de lave vitrifiée compacte et excessivement dure d'une épaisseur de $1^m,50$ à 2 mètres, sans cendres ni scories; elles mettront des siècles à se désagréger et à se couvrir de verdure.

L'aspect de ces coulées, dans les parties plates, représente un terrain qui aurait été labouré par des charrues gigantesques, laissant çà et là des sillons où les courants de lave en fusion se sont figés en formant des bouillonnements énormes.

Dans les hauts, vers 600 mètres d'altitude, la première végétation qui y pousse et qui les recouvre entièrement, est une espèce de mousse blanche et serrée, mêlée de lichen grisâtre qui donne l'impression de la neige nouvellement tombée; plus tard viennent les licopodes et quelques fougères, et ensuite dans lo peu d'humus qui se forme dans les crevasses et fissures, croissent des herbes et des arbrisseaux, ainsi que de grands arbres qui fournissent beaucoup de planches pour l'exportation.

Toute la partie de l'île qui se trouve surtout sur le versant sud-est du massif de Karthala et qui est couverte de riches

forêts, a été formée par des coulées successives de laves descendues du grand cratère et composées principalement de
scories, de boues, de cendres et de ponces légères qui se sont
désagrégées et décomposées rapidement, ce qui a permis à la
végétation et à la forêt de prendre cet aspect magnifique qu'on
lui trouve actuellement.

La partie supérieure du volcan est stérile jusqu'au tiers
environ; au-dessus ce cette partie régulièrement cannelée
par des ravins, se trouve une bande de broussailles et d'arbustes où la grande bruyère domine; vient ensuite la grande
forêt qui descend irrégulièrement le long de la pente et qui est
coupée de plantations, de pâturages et de villages. Enfin entre
ce massif et la mer, le terrain s'aplatit légèrement pour former
quelques plaines ou petits plateaux fertiles mamelonnés de
nombreux cratères très bien conservés. Quelques-uns de ces
cratères se trouvent même sur le bord de la mer et forment
des caps comme à Iconi et Mandzaza.

RIVIÈRES

Il n'y a pas une seule rivière, ni même un ruisseau sur tout
le pourtour de la Grande Comore; il n'y a également pas de
vallées.

De distance en distance, le long des pentes, l'île est sillonnée
de nombreux ravins profonds à pentes raides et à fond de
roches — surtout autour du grand massif central de Karthala.

Au moment des fortes pluies et des orages, ils se remplis-
sent et roulent des quantités d'eau considérables; mais, vu la
déclivité du terrain et la nature des roches, qui sont, en général, des tufs volcaniques, l'eau ne fait que passer et une heure
après la pluie il n'y a plus une goutte d'eau; quant au restant
des terrains, étant de même nature, l'eau y passe comme à
travers une éponge et ne séjourne jamais à la surface. Il n'y a

que dans quelques endroits où les ravins forment des cuvettes ou citernes naturelles au milieu de roches plus compactes que l'eau des pluies séjourne, ce qui permet aux indigènes de s'approvisionner d'eau douce ; mais outre que cette eau croupit assez vite, elle ne dure généralement pas pendant toute la saison sèche ; alors, les indigènes qui, en général, boivent très peu se désaltèrent avec le lait des noix de coco.

Quant à l'eau employée pour les lavages et surtout pour la cuisson des aliments, c'est toujours de l'eau saumâtre prise dans des trous creusés dans les roches ponceuses des bords de la mer ; cela leur économise le sel dont ils ne consomment qu'une quantité très minime.

Il n'y a que trois ou quatre sources à la Grande Comore et encore elles sont très faibles.

En première ligne vient celle de Morotso dans la province de Badjini à une altitude de 200 mètres. Elle coule pendant toute l'année et donne pendant la saison des pluies, environ 10 litres à la minute et 2 ou 3 à la fin de la saison sèche.

Dans la même province, à N' Niembéni existe une autre source dans les bas ; elle a un débit plus considérable, mais elle est intermittente et tarit généralement avant la fin de la saison sèche.

Deux autres sources à une altitude de 600 mètres existent dans la province de M' Boudé, l'une est appelée Vosson, donne de l'eau toute l'année ; la deuxième, Bouday, tarit vers la fin de la saison sèche.

Les dix autres provinces de l'île n'ont pas une seule source. Malgré cela il est facile d'avoir de l'eau potable excellente, pendant toute l'année, en faisant des citernes autour des habitations ou en captant pour les besoins de la culture l'eau dans des bassins par des barrages près des ravins, car malgré l'aspect constamment sec du terrain de la Grande Comore, ce qui d'ailleurs est la cause principale de la salubrité, il tombe par an, dans les îles de l'archipel, d'octobre à avril, une quantité d'eau qui varie de 2ᵐ,50 à 3 mètres, c'est-à-dire beaucoup plus que dans les parties les plus pluvieuses de la France.

CÔTES

Les côtes de la Grande Comore, quoique très dentelées et peu abordables, sont assez régulières et ne forment pas de grandes baies ni de grands caps; à peine 5 ou 6 criques dans tout le pourtour de l'île, où l'on puisse aborder; en général la côte est formée de falaises de roches volcaniques à pic sur la mer et de galets de laves roulées. Dans le fond de quelques baies de sable blanc provenant de détritus madréporiques.

A part le récif de Valhen signalé sur les cartes, les côtes ne présentent aucun écueil.

Les récifs madréporiques forment à quelques endroits seulement un ensablement plat qui varie de un à deux milles au large et de 4 à 25 mètres de profondeur ne découvrant presque pas à marée basse. Ces récifs ne sont qu'à une faible distance de la côte et au-delà la pente descend à pic; aussi presque partout un navire peut suivre de très près la côte sans trouver de fond, à part les quatre principaux points suivants où le récif s'avançant un peu plus au large forme de petites rades où l'on peut mouiller.

1º Au Nord de l'île, là rade de Nitsamihouli, la plus étendue la plus sûre et la plus plate; il y peut mouiller une cinquantaine de boutres et deux ou trois navires en toute saison.

2º Sur la côte ouest, à M' Roni, chef-lieu de l'île, la rade se trouve dans une petite baie où peuvent mouiller une dizaine de boutres et un ou deux navires bien à l'abri, pendant la mousson du sud seulement, car par les vents du nord-ouest auxquels elle est exposée, la houle est souvent très forte.

3º Au Sud de l'île, à Chindini, le récif s'avance et permet aux boutres de mouiller à l'abri d'une pointe, mais par les vents du sud cette rade est impraticable.

4°. Entre Malé et Rovéni, également au Sud, le récif forme un large plateau ou plusieurs grands navires peuvent mouiller toute l'année.

Il a été fait une carte des mouillages de M'Roni, Nitsamihouli et Chindini : mais le récif en face de Malé n'a pas été relevé, ni étudié. Il y a encore quelques points de la côte où l'on peut aborder comme à Salim'ani, M' Bachilé, Itsandra sur la côte ouest, ainsi qu'à Ivouni, N'droudé, Bouni et M'tsamdou sur la côte est, mais cette côte étant constamment balayée par la houle du large, ces derniers points sont inabordables une grande partie de l'année.

CULTURES

Le climat de la Grande Comore quoique chaud, est assez varié surtout dès que l'on s'élève, pour permettre toutes sortes de cultures des pays tropicaux et tempérés. Comme dans la plupart des pays situés près de l'Equateur, la floraison et la maturité des fruits ne sont pas soumises à des règles fixes, cela dépend de la chaleur et de l'époque des pluies, mais d'une façon générale, les plantes herbacées fleurissent pendant la saison pluvieuse de novembre à avril. C'est aussi l'époque de la maturité des principaux fruits.

Tous les arbres fruitiers et plantes des pays intertropicaux peuvent être cultivés avec succès à la Grande Comore. Il a été fait, sur les hauteurs, l'essai de quelques arbres fruitiers d'Europe qui ont donné des résultats. Quant aux légumes des pays tempérés on peut les cultiver tous à partir de 400 à 500 mètres d'altitude.

Comme culture vivrière, les indigènes cultivent le maïs, le riz de montagne en assez grande quantité, le manioc, les patates, l'igname, les bananes, l'ambrevade et plusieurs variétés de haricots ou de lentilles, et comme fruits, ils ont la mangue, la goyave, la pomme rose, le fruit de l'arbre à pain, les oranges, mandarines, citrons et l'ananas.

La côte est bordée jusqu'à une profondeur de 2 à 3 kilomètres, d'une grande quantité de cocotiers, excepté dans quelques provinces où par suite de guerre ils ont tous été détruits ; la maladie en a également fait périr une grande quantité ; aussi les indigènes n'en font plus le commerce, ils boivent l'eau de coco pendant la saison sèche et les fruits mûrs servent pour la cuisine ; avec la bourre de coco, ils font des cordages ; c'est, avec l'élevage des bestiaux, la seule industrie du pays. Les indigènes élèvent pour leurs besoins usuels des poules, des chèvres et des bœufs.

Le bœuf à bosse, dans le genre de celui de Madagascar, mais plus petit et plus trapu, est de belle venue, et quoique sa chair soit un peu dure, elle est bonne ; quant aux cabris, ils sont en très grand nombre, par petits troupeaux ; leur chair est savoureuse et vaut celle de nos bons moutons de France, aussi sont-ils très estimés dans les environs. Il y a très peu de moutons ; ils ne réussirent pas bien. Pas de canards ni autres volatiles.

Quant aux plantes et arbres de rapport, les indigènes n'en cultivent pas ; il n'y avait, autrefois, que la plaine de Salimani, où des indigènes cultivaient quelques girofliers.

Les cultures de toute sorte ont été entreprises par la Société de la Grande Comore, qui possède tout le centre de l'île ; elles donnent des résultats très appréciables.

La vanillerie, qui a été établie et qui a produit, en 1899, 3,000 kilos de vanille, est très belle. Il ne faut pas compter sur la canne à sucre ; car le terrain, rocailleux et accidenté, s'y oppose. Mais tous les autres arbres ou arbustes de rapport des pays chauds y viennent bien, tels que vanille, girofles, cacao, café (une variété de café pousse à l'état sauvage, en forêt), etc., et donnent d'aussi bons résultats que dans les autres iles de l'archipel.

FAUNE

La faune n'est pas considérable à la Grande Comore. A part les **animaux** domestiques, comme mammifère, il n'y a qu'une variété de **civette** ou chat musqué et des rats et des souris.

Les oiseaux sont **également** en très petit nombre : quelques oiseaux aquatiques de **passage** seulement. A signaler la pintade, la caille, la tourterelle, deux ou trois variétés de pigeons, des perruches marron foncé, quelques hiboux, des éperviers, l'aigle commun, le corbeau à collier blanc et un certain nombre de petits oiseaux.

Il n'y a pas de serpents venimeux; une seule **variété** de couleur rousse assez rare, des lézards et quelques caméléons.

Peu d'insectes également, quelques scorpions, scolopendres et des moustiques, mais pas en très grande quantité.

SALUBRITÉ

Le climat de la Grande Comore est réputé, à raison, comme le plus salubre de toutes les îles de l'archipel.

Après, vient Anjouan, puis Mayotte et Mohéli. Même à la côte, la région la plus chaude, les accès de fièvre y sont assez rare et, en tout cas, les accès pernicieux y sont totalement inconnus. Cela tient probablement à la sécheresse du terrain, à l'absence de marais et de rivières, et aussi à ce que les récifs ne découvrent pas, à marée basse, sur de grandes étendues, comme à Mayotte et à Mohéli.

A part les maladies naturelles de tous les pays, il n'y a à signaler que la dysenterie qui est assez commune chez les indigènes et qui doit être attribuée à l'absence d'eau potable que, dans leur incurie, ils n'essaient pas de recueillir dans de bonnes citernes et qu'ils vont chercher dans des trous de la montagne, où elle est croupie la plupart du temps.

La Grande Comore est divisée en douze provinces :

1° Province de Bambao ;
2°   —   Hamahamet ;
3°   —   Domba ;
4°   —   Boinkou ;
5°   —   Mitsamihouli ;
6°   —   Badjini ;
7°   —   Itsandra ;
8°   —   Hamamnou ;
9°   —   Hambou ;
10°   —   M'Boudé ;
11°   —   Dimani ;
12°   —   Oichili.

I. — Province de Bambao

La province de Bambao se trouve située sur la côte ouest, vers le milieu de l'île environ, limitée au Sud par la province de Hambou — au ravin de Tsudjini — et au Nord par la province d'Itsandra — à la grande coulée de lave.

La capitale est M'Roni (2,144 habitants), ancienne ville fortifiée, entourée de fortes murailles de 3 à 4 mètres de haut, à moitié détruites et flanquées de tours carrées où se trouvent les portes de la ville, portes basses et étroites, ne livrant passage qu'aux piétons. Elle est assise au bord de la mer, au fond d'une petite baie entourée de grandes roches volcaniques.

C'est la ville la plus importante de la Grande Comore ; elle servait de résidence au sultan-thibé, qui commandait en suzerain aux autres sultans de l'île. On n'y remarque aucun monument, si ce n'est l'ancienne maison de Saïd-Ali, cinq mosquées carrées de style africain, blanchies à la chaux, et un bâtiment européen qui sert de résidence.

Les rues sont étroites et tortueuses; les maisons, comme celles de toutes les autres villes de l'île, sont construites en mortier de chaux et blocs de lave, qui ont le grand défaut d'emmagasiner la chaleur solaire et de rendre la ville très chaude. Les maisons principales sont à deux étages, de style arabe et couvertes par des terrasses qui servent en même temps à conduire l'eau des pluies dans des citernes; les autres maisons et les petites cases sont recouvertes en feuilles de cocotier. C'est à M'Roni que sont installés tous les services publics.

Les douze provinces sont gouvernées par huit cadis qui sont, chacun dans leur province, juge de paix et officier d'état civil pour les indigènes; ils sont aidés par les chefs de village et soixante-deux gardes de police indigène des villages.

Postes et correspondances. — La Compagnie des Messageries maritimes touche à M'Roni tous les 25 du mois à son voyage de retour en France et met vingt jours pour se rendre à Marseille.

Comme, à l'aller, elle touche à l'île d'Anjouan, un service de baleinière est établi de la Grande Comore à Anjouan pour correspondre tous les mois avec les Messageries et assurer le courrier. (Voir chapitre « Moyens de communication. »)

Rade et port. — La rade de M'Roni, assez restreinte, est, malgré cela, la plus grande de l'île; son petit port, bien à l'abri au fond d'une baie et garanti de la brise du Sud par le cratère d'Iconi, est un refuge assuré pendant les six à huit mois de l'année que dure la mousson sud pour les petits voiliers et boutres indiens de 50 à 150 tonneaux, qui peuvent venir se mettre à sec au fond de son port pour se faire nettoyer et réparer. Quant aux navires de fort tonnage, il n'y a qu'un haut fond formant un plateau de 250 mètres de diamètre environ, où ils puissent mouiller par 25 ou 30 mètres de fond en dehors des récifs de coraux; au delà de ce plateau, il n'y a plus de fond.

Pendant la mousson du Nord, la rade n'est pas abritée, aussi les voiliers vont-ils mouiller au Nord de l'île, à Mitsamihouhinjini, d'où il leur est facile de prendre le large en cas de mauvais temps.

Villes principales. — Iconi (1,685 habitants), sur le bord de la mer, derrière le cratère d'Iconi, qui, avec celui de Moindzaza, forme les deux points extrêmes ouest de l'île.

Cette ville, une des plus anciennes de la Grande Comore, était le lieu d'habitation préféré du sultan et des princes de la province ainsi que le lieu de leur sépulture.

Nyoumadzaha (525 habitants). Petite ville entourée de nombreuses cocoteries au milieu de la plaine la plus fertile de la province.

II. — Province de Hamahamet

La province de Hamahamet, située sur la côte orientale de la Grande Comore, est la plus étendue de cette partie de la côte. Elle est bornée au Nord par la province de Boinkou, et au Sud par celle de Oichili. Se trouvant sur le versant du massif du Nord, dont les hauteurs ne dépassent guère 800 à 900 mètres, les pentes sont douces et régulières. Dans la partie Sud, il y a quelques grandes coulées de laves. Sur le bord de la mer, toutes les hauteurs sont également recouvertes par d'anciennes coulées. Cependant, le terrain est bon et très fertile, mais sujet à la sécheresse, comme toutes les provinces de la côte est; car il n'y pleut pas plus de quatre mois par an. Avec la province de Bambao, c'est celle qui possède le plus de cocotiers de l'île.

Les côtes sont mauvaises et hérissées de roches sur toute leur longeur; il n'y a qu'à Bouni où l'on puisse aborder.

Villes principales. — M'Béni (809 habitants), capitale de la province à 250 mètres d'altitude. Résidence du cadi. Ville ouverte ayant quelques maisons en pierres à un étage et sept mosquées.

Bouni (213 habitants), petite ville, la plus ancienne de la province, possédant encore trois ou quatre maisons en pierres et deux mosquées très vieilles; bien située au bord de la mer avec une plage de sable, où l'on peut débarquer facilement en tous temps; quoique le récif n'aille pas très loin, les boutres peuvent y mouiller en sûreté. C'est le seul endroit de la province où l'on puisse aborder.

Belles plantations et nombreuses cocoteries.

III. — Province de Domba

La province de Domba, une des plus petites de l'île, est située sur la côte orientale au Sud-Est, entre les provinces de Badjini et de Dimani.

Cette province se trouve, comme celle de Hambou, dans la partie la plus déclive du grand massif du Karthala. Le terrain, qui est d'abord en pente douce, au bord de la mer, s'élève brusquement par une pente presque à pic pour atteindre l'altitude de 500 mètres au village de Tsinimoipanga, à la lisière de la forêt, en formant une série d'escaliers où les indigènes font leurs cultures. Cette région, battue par les vents de l'Est, a moins de végétation; ses côtes, bordées de grandes roches à pic, ne sont abordables à aucun endroit. Une grande coulée de laves toute récente (vingt ans) la sépare, au Sud, de la province de Badjini; une autre coulée la traverse un peu plus au Nord.

Villes principales. — Bandamadji (442 habitants), capitale de la province, seule localité de quelque importance, au bord de la mer, dans une crique entourée de grandes roches basal-

Petite place pour la réunion des tam-tam
à Mitsamihouli M'jini

tiques, — débarquement très difficile. Ville ouverte, ayant quelques maisons en pierres à un étage et quatre mosquées.

On y remarque d'anciens tombeaux portugais ; aux environs, petite plaine très fertile.

Pidjani (146 habitants). Village près de la mer, au bord d'une grande coulée de laves ; petite plaine ; plantations.

A Membéni, à 400 mètres d'altitude, un ravin profond forme une cuvette en forme de puits appelée Mzidou, où il y a de l'eau toute l'année et que les indigènes vont chercher en saison sèche.

IV. — Province de Boinkou

La province de Boinkou est de très peu d'étendue sur la côte orientale de l'île au Nord-Est, entre les provinces de Mitsamihouli et Hamahamet. Elle n'a presque pas de coulées de laves, et son terrain, dans le genre de celui de Mitsamihouli, est fertile, mais elle est sujette à la sécheresse.

Villes principales. — Hantsindji (416 habitants), capitale actuelle de la province. Petite ville ouverte, au bord d'une anse ; on y débarque facilement par mer calme.

Les boutres peuvent mouiller sur le récif, qui s'étend assez loin ; mais par les vents du Nord et de l'Est, les lames venant du large battent la plage avec force et la rendent inabordable.

Iles aux tortues. — Petit îlot rocheux et inculte à 500 mètres du rivage ; doit être un ancien cratère. C'est la seule île qui existe autour de la Grande Comore.

V. — Province de Mitsamihouli

La province de Mitsamihouli comprend toute l'extrême pointe nord de la Grande Comore.

C'est une des plus grandes provinces de l'île et celle qui a le moins de coulées de laves, aussi son terrain est-il le plus fertile, mais c'est aussi la région la plus aride et où la saison sèche est la plus longue. Le sol, de couleur rougeâtre, a beaucoup plus d'argile et de profondeur; il est moins chargé de blocs de laves et bien moins accidenté, mais très mamelonné. A partir du bord de la mer, il s'élève graduellement en pente douce jusqu'à l'altitude de 500 à 600 mètres, point culminant de la province. Toutes les parties hautes sont formées d'une série de grands mamelons et de petits cratères en cône, qui ont dû être boisés autrefois, mais qui, actuellement, sont entièrement dénudés et recouverts d'herbes seulement; aussi pendant la saison des pluies sont-ils d'un beau vert, mais aussitôt la saison sèche arrivée, ils ont un aspect terreux et pelé.

Il n'y a pas d'eau dans cette province. Les habitants du bord de la mer font des trous peu éloignés de la plage aux endroits où il y a du sable et recueillent ainsi une eau légèrement saumâtre mais buvable, les autres vont, pendant la saison sèche, chercher de l'eau aux deux petites sources de la province de M'Boudé.

Villes principales. — Mitsamihoulinjini (1.604 habitants). Capitale de la province. Jolie petite ville établie le long d'une grande plage de sable blanc en pente très douce vers la mer; elle est entourée de hautes murailles flanquées de tours carrées aux angles. Le terrain est plat, les ruelles sont plus larges et moins tortueuses que dans les autres villes. Quelques maisons en pierres à un étage avec terrasse, mais surtout de petites cases à un rez-de-chaussée seulement et une quantité de paillottes. Comme monuments il n'y a à remarquer que deux grandes mosquées carrées et l'ancien palais des sultans entièrement en ruines. La rade de Mitsamihouli peut être considérée comme la plus étendue de l'île. Plus d'une centaine de boutres pourraient y mouiller à la fois sur le récif de coraux qui s'étend sur plus d'un kilomètre en pente douce et régulière. C'est la rade préférée par les boutres arabes ou indiens car, outre qu'on y peut mouiller toute l'année, il est toujours facile de lever l'ancre en cas de mauvais temps de quelque côté que souffle la brise.

Bangouakoni (572 habitants), petite ville ouverte sur le bord de la mer, au fond d'une baie ; grande plage de sable où il est facile de débarquer en baleinière : le récif de coraux s'étend au large et découvre à marée basse ; les bateaux ne peuvent y mouiller. Les environs sont bien cultivés et de Bangouakonni à Ivoini s'étend, sur une longueur de 4 kilomètres, une plaine qui passe pour la plus fertile de la Grande Comore.

Nombreuses plantations de mil, maïs, manioc, patates, cannes à sucre, etc.

VI. — Province de Badjini

La province de Badjini est la plus grande et la plus peuplée de toute la Grande Comore ; elle occupe toute la partie du Sud de l'île, et, est bornée au Nord par les provinces de Hambou et Domba.

Elle a un aspect particulier et forme une partie bien tranchée de l'île, étant séparée du massif central du Karthala par un plateau qui se relève pour former à l'extrême sud de l'île une série de petites montagnes à pentes régulières écartées les unes des autres et élevées de 1.000 à 1.200 mètres. Ces montagnes ont dû être boisées autrefois, mais actuellement elles sont complètement dénudées et recouvertes d'herbes et de broussailles. C'est la seule partie de l'île où l'on retrouve, par endroits, les terres anciennes de soulèvement sans laves ni scories et des roches de granit gris et bleu ; aussi la terre est-elle jaune, argileuse, plus fertile qu'ailleurs, je crois, mais malheureusement presque complètement inculte.

C'est dans cette province qu'ont eu lieu les plus récentes éruptions volcaniques ; il existe encore dans le Nord de la province un foyer en activité laissant échapper un peu de fumée. Il y a une vingtaine d'années, toute cette partie, après

Mosquée du vendredi à Mitsamihouli

une violente secousse, s'est crevassée dans la direction Nord-Sud sur une longueur de 8 à 10 kilomètres, laissant échapper par une dizaine d'ouvertures des torrents de lave qui ont recouvert le plateau central, alors très fertile, et en ont fait un désert ; d'autres coulées sont descendues jusqu'à la mer, s'étendant sur une grande longueur du rivage et formant des pointes arrondies.

Les habitants de cette province sujette à la sécheresse, sont assez pauvres ; aussi sont-ils plus laborieux et fournissent-ils une plus grande quantité d'engagés pour travailler aux plantations.

Villes principales. — Fomboni (1.136 habitants), capitale de la province, bâtie au bord de la mer, sur la côte orientale, est une ville très ancienne de forme rectangulaire, très régulière, entourée de hautes murailles avec des tours carrées aux quatre angles. Elle a dû être très florissante autrefois mais, actuellement, il ne reste presque que des ruines et toute la muraille faisant face à la mer a été éventrée par nos obus, il y a quelques années, pendant la rébellion d'Achimou contre Saïd-Ali.

Fomboni était la résidence des sultans de Badjini, les plus puissants de l'île et restés de tout temps indépendants des autres. Comme monuments remarquables on ne voit plus qu'une vieille maison qui était la résidence obligée des sultans sur le trône ; à côté se trouve la plus ancienne mosquée de la ville entourée des tombeaux de tous les princes qui se sont succédé dans le gouvernement de la province : ce sont des cubes de maçonnerie, les uns fermés, les autres ouverts ; il y en a trois qui diffèrent des autres ; ce sont des cônes hauts de 3 à 4 mètres désignant les sultans qui sont morts sur le trône.

Dans la province, sur les hauteurs près des montagnes du Sud se trouvent plusieurs cimetières arabes, indiquant qu'il a dû y avoir là autrefois des villes ou centres importants ; mais il a été impossible d'avoir aucun renseignement sérieux dans le pays si ce n'est que ces tombes datent de la plus haute antiquité.

La ville de Fomboni, quoique sur le bord de la mer, n'est pas un port ; la plage étroite est encombrée de blocs de lave, et, battue constamment par la houle du large, elle est à peine abordable aux petites pirogues.

La source de Morotso, la seule qui existe dans la province de Badjini, jaillit à l'entrée d'une petite vallée au-dessous du plateau central à une altitude de 300 mètres ; elle ne tarit jamais.

C'est une eau excellente laissant des traces ferrugineuses ; son débit est faible ; aussi la Résidence a-t-elle fait faire des travaux de captage et un grand bassin pour que les habitants puissent venir s'approvisionner d'eau douce. Plus bas, près du village de M'Niambéni, sur le versant sud de la montagne, jaillit une autre source plus abondante ; mais elle est intermittente et tarit entièrement avant la fin de la saison sèche.

VII. — Province d'Itsandra

La province d'Itsandra est située sur la côte occidentale de la Grande Comore.

L'aspect de cette province est le même que celui de la province de Bambao ; même végétation et même pente régulière vers le massif central avec des villages éparpillés jusqu'à 500 mètres d'altitude. Toutefois ses cocoteries ont été détruites pendant les guerres que ses princes ont soutenues contre le sultanat de M'Roni auquel ils ne voulaient pas reconnaître le droit de suzeraineté.

Villes principales. — Tsoudjini (913 habitants), capitale de la province, ville fortifiée, entourée de hautes murailles en ruines et de tours carrées, perchée sur une hauteur dominant la mer et une partie de la côte.

C'était, autrefois, la ville la plus peuplée de toute la côte ouest. On y voit encore une grande quantité de maisons en pierre, abandonnées pour la plupart; les habitants, très turbulents, par suite de nombreuses guerres qu'ils ont eues avec leurs voisins et la destruction de toutes leurs cocoteries, ont émigré en masses, principalement à Zanzibar où ils sont restés.

On y voit encore quelques vieilles mosquées assez bien conservées et les tombeaux des princes et sultans de la province.

Itsandra-M'jini (579 habitants). La deuxième ville de la province, très fortifiée, et qui a également servi de capitale. Elle est coquettement placée sur le côté sud d'une petite baie très pittoresque avec ses pointes de grandes roches et, au fond, sa plage de sable blanc où il est très facile d'aborder en embarcation; malheureusement le haut fond ne s'étend pas assez loin pour que des navires puissent y mouiller. Cette ville a dû avoir, autrefois, son époque de splendeur, visible par l'étendue des ruines qui restent, mais actuellement les quelques maisons de pierre qui subsistent sont à peine habitées et le reste de l'enceinte fortifiée est remplie par des jardins et de petites cases recouvertes de feuilles de cocotier.

Elle était défendue par une citadelle reliée à la ville par un chemin de ronde garanti par de hautes murailles. Tout cela a été détruit ou abandonné à la suite de guerres intestines, mais surtout après les nombreuses invasions Malgaches qui, à plusieurs reprises, ont dévasté toute la côte ouest de la Grande Comore.

Près de la ville d'Itsandra-M'jini se trouve un petit cratère très régulier de forme, signalé sur les cartes sous le nom de « Table verte ».

VIII. — Province de Hamamnou

La province de Hamamnou est la plus petite et la moins peuplée de toute la Grande Comore ; elle se trouve située à l'Ouest de l'île entre les provinces d'Itsandra et de M'Boudé, à hauteur de la dépression qui sépare le grand massif central du Karthala du massif bien moins élevé du Nord de l'île.

Les plus hautes altitudes de ce col ne dépassent pas 600 mètres et plusieurs sentiers le traversent, conduisant de la côte occidentale à la côte orientale vers les provinces de Oichili et de Hamahamet. Cette province est coupée à plusieurs endroits par de grandes coulées de laves récentes et toutes les hauteurs sont recouvertes par d'anciennes coulées où la végétation est rabougrie. Elles rendent presque toute cette province inculte et bonne tout au plus pour les pâturages des chèvres.

La province de Hamamnou n'a pas de capitale. Son plus gros bourg Hahaya (203 habitants), se trouve au bord de la mer au fond d'une anse bordée de roches à pic. On ne peut y aborder qu'en petite pirogue de pêcheurs et par mer calme.

IX. — Province de Hambou

La province de Hambou est située sur la côte Sud-Ouest de l'île au Sud de la province de Bambao qui la délimite au Nord.

Cette province placée au Sud du grand massif de Karthala, dans la partie où la côte est la plus rapprochée du grand cratère élevé de 3.000 mètres, le terrain se trouve partout en pente très raide et sillonné de ravins profonds toujours secs. Les rives de la mer sont escarpées et à pic ; aussi les embarcations ne peuvent-elles aborder à aucun endroit de la côte si ce n'est au Nord, au village de Salimani. Là il existe une petite anse où l'on peut débarquer au milieu des récifs de coraux qui se prolongent en mer. Ces récifs déterminent une barre à l'époque de la mousson. C'est la province la plus boisée de l'île, la forêt qui couvre tout le versant Sud-Ouest du Karthala descend jusqu'à 3 kilomètres de la mer.

Elle n'a pas de capitale réelle ; ses gros bourgs ou villages sont perchés sur les hauteurs dominant la mer.

X. — Province de M'Boudé

La province de M'Boudé est située au Nord-Ouest de la Grande Comore.

Toute sa partie sud est presque entièrement couverte de laves anciennes jusqu'au cratère de Domoni Adjou, situé à mi-côte par 300 mètres d'altitude ; aussi toute cette partie n'a qu'une végétation clairsemée et rachitique.

La partie Nord depuis Tsaouéni jusqu'à la limite de la province de Mitsamihouli est au contraire très belle d'aspect ; c'est un des endroits de l'île où la terre végétale est la plus profonde. Les plantations y sont magnifiques et étagées en pente douce jusqu'aux villages de Maouéni et Ivembéni par plus de 600 mètres d'altitude.

Malheureusement elle est presque entièrement déboisée et, partant, une des plus sèches de l'île.

Elle est traversée par deux grands ravins, secs toute l'année, qui descendent des hauteurs et qui ont chacun l'un à 700 mètres, l'autre par 600 mètres d'altitude une petite source qui ne tarit presque jamais.

Ces deux sources placées en bordure de forêt sont les seules de tout le nord de l'île et servent aux indigènes des trois provinces environnantes pendant toute la saison sèche.

Villes principales. — N'Tsaouéni (828 habitants), capitale de la province et résidence du cadi, située au bord de la mer le long d'une bande de roches qui en rendent les abords difficiles si ce n'est aux petites pirogues de pécheurs.

C'est une petite ville qui a eu autrefois son époque de splendeur mais il n'en reste à peu près rien que plusieurs pans de fortes murailles entourant quelques maisons de pierre et des paillottes. Elle a été, à plusieurs reprises, saccagée par les Malgaches et ne s'en est jamais relevée.

Djomani (478 habitants), petite ville au bord de la mer dans une petite anse à l'abri d'un cratère qui la garantit des vents du Sud ; elle est entourée de plantations et de belles cocoteries.

XI. — Province de Dimani

La province de Dimani, petite et pauvre est peu habitée. Elle se trouve sur la côte orientale entre les provinces de Oichili et de Domba. Elle a, comme cette dernière province, des terres fertiles.

La côte est également mauvaise et on ne peut atterrir sur aucun point de la province. Les plantations des indigènes sont, comme pour la province de Oichili, plutôt dans les hauts que sur le bord de la mer.

XII. — Province de Oichili

La province de Oichili située sur la côte Est, vers le milieu de l'île entre les provinces de Hamahamet et Dimani, est une des plus pauvres et des plus arides de la Grande Comore. Presque toute sa surface est sillonnée de laves récentes ou anciennes. Les indigènes cultivent très peu dans les bas. Leurs principales plantations sont sur les hauteurs en bordure de la forêt où il y a un peu d'humidité. La côte est très mauvaise, encombrée de roches balayées par la grande houle de l'Est.

Villes principales. — Kombaiii (356 habitants). Capitale de la province, gros bourg perché à 400 mètres d'altitude, servant de résidence au Cadi. Quelques maisons en pierres avec trois mosquées; plantations peu florissantes et très mauvais sentiers.

M'tsam'dou (144 habitants). Village au bord de la mer : terre fertile et belles plantations, petite plage de sable où l'on peut débarquer. Les boutres de grandeur moyenne y peuvent mouiller. C'est le seul point de la province où l'on puisse approcher du rivage.

Près de M'tsam'dou, au nord, il y a un marais entouré de palétuviers, le seul qui existe à la Grande Comore.

Société de la Grande Comore

L'exploitation Humblot et Compagnie date de 1887, elle comprend un personnel européen composé d'un directeur et d'un sous-directeur, de deux employés, deux mécaniciens, un préparateur de vanille et un jardinier.

En outre, une trentaine d'employés indigènes, (chefs de chantier, conducteurs, gardes caporaux, marqueurs, magasiniers, etc., sous la direction d'un commandeur et d'un sous-commandeur également indigènes.

Deux interprètes sont attachés à la Compagnie.

La Société occupe de onze à douze cents travailleurs exerçant les métiers de charpentiers et maçons (maîtres, ouvriers et apprentis), terrassiers, jardiniers, mécaniciens, scieurs, chauffeurs, bûcherons, bergers, charretiers, vanilleurs (fécondeurs, défricheurs et préparateurs) et manœuvres.

Aucun Européen n'ayant séjourné dans l'île avant M. Humblot, la Société a dû former des ouvriers pour construire les habitations, magasins, ateliers, hopitaux et aménagements divers nécessaires à son installation.

Un village de travailleurs aux Comores

Le domaine de la Société s'étend sur une grande partie de l'île et il a fallu créer plusieurs chantiers.

1º Sur le versant Sud-Ouest à 440 mètres d'altitude, à la lisière de la forêt est situé Nioumbadjou, centre principal.

On y trouve les habitations, bureaux et magasins des directeurs et un camp de travailleurs.

2º Au bord de la mer, en face Nioumbadjou, à environ 4 kilomètres à vol d'oiseau et 7 kilomètres par la route, Salismani, petit village de pécheurs et port de la propriété où sont installés d'immenses magasins d'approvisionnements, les laboratoires pour la préparation de la vanille et les bâtiments où l'on sèche le girofle et lecafé et où se fait également la fermentation du cacao et enfin le moulin pour fabriquer l'huile de cocos.

La zone comprise entre Salimani et Nioumbadjou est plantée de vanilliers, de cacaoyers et de girofliers ; au centre le village de Chadjouni a été créé pour loger les travailleurs placés sous la surveillance du chef vanilleur.

3º A 7 kilomètres au nord de Nioumbadjou et à 575 mètres d'altitude est installée au commencement de la forêt la scierie à vapeur de Boboni.

Elle est reliée à Nioumbadjou d'une part, et à Moroni, la capitale de l'île, de l'autre par des routes qui ont été entièrement construites par la Société.

Indépendamment des ateliers, scierie, forge, fonderie, etc., il existe à Boboni un village important de travailleurs ainsi que des maisons d'habitation pour le directeur de la scierie, les mécaniciens et les employés.

4º A 1.800 mètres d'altitude toujours sur le même versant est située la Convalescence.

L'air pur et frais (quelquefois même froid) du matin et du soir en font une station sanitaire exceptionnelle rappelant beaucoup le climat du midi de la France.

La société y a installé une ferme où sont cultivés tous les légumes et fruits d'Europe.

En plus des groupes fixes dont nous venons de parler, il existe un certain nombre de camps volants occupés par 150 ou 200 terrassiers et manœuvres continuellement employés aux travaux de routes ou de défrichement.

Des bestiaux sont répartis un peu dans toute l'ile, mais les principaux parcs sont à Nioumbadjou, Boboni, la Convalescence, Diboini au centre, Samba Maddi à l'est, Golé au nord-est et Maouéni au nord-ouest.

La culture qui a donné jusqu'à présent le meilleur résultat est la vanille.

Le cacao et le girofle promettent aussi de bonnes récoltes.

Le terrain volcanique de la Grande Comore ne semble pas favorable à la culture du caféier qui existe cependant à l'état sauvage.

Leurs principales plantations se trouvent aux environs de Nioumbadjou et de ce point s'échelonnent le long de la route qui conduit à Boboni ; quelques caféiers ont aussi été tentés, sans grand succès, dans la forêt à des altitudes variant de 600 à 1.500 mètres.

La noix de coco, la canelle, l'arachide sont également récoltées et l'on cherche à acclimater le thé, le quinquina, le caoutchouc, etc.

La Société fait actuellement une récolte de 3 à 4.000 kilogs de vanille et augmente sa production par les nouveaux plants repiqués régulièrement chaque année.

Les plantations de girofle et de cacao sont de très belle venue et destinées au plus bel avenir.

Leur jeune âge ne leur permet pas encore un gros rendement et les quelques milliers de kilogrammes récoltés jusqu'ici ne doivent être considérés que comme des échantillons, mais ils font bien augurer de la production future.

L'exploitation méthodique de la forêt assurera prochainement de sérieux bénéfices à la Société.

La scierie qui ne commença par ne débiter primitivement que les matériaux nécessaires à la construction des maisons, magasins ou ateliers de la Société, s'est augmentée peu à peu pour satisfaire aux commandes des îles voisines qui deviennent de jour en jour plus importantes.

La première voie de communication entre la scierie et la mer ayant été reconnue insuffisante, pour le transport rapide des bois, la Société vient de terminer la construction d'une route carossable de 5 mètres de largeur et à pente douce qui est appelée à recevoir une voie ferrée.

Au-dessus de l'usine et à des altitudes différentes deux chemins de niveau sur lesquels circulent des wagonnets Decauville servent à conduire les billes au sortir de la clairière de coupe jusqu'au dessus de la scierie où une pente douce les amène ; là, elles sont transformées d'abord en madriers par une scie verticale, puis, suivant leur destination, ces madriers sont débités par les scies circulaires ou à ruban.

Les essences forestières de la Grande Comore diffèrent un peu des espèces similaires des pays voisins et ne sont généralement employées que comme bois de construction, poutres, poutrelles, solives, chevrons, planches, ou bardeaux pour les toitures ; toutefois quelques-unes servent avantageusement pour la charronnerie, la construction maritime et même l'ébénisterie.

La Société possède aussi de grands pâturages pour ses troupeaux.

Près de 3.000 bœufs et 2.500 chèvres et cabris y sont élevés.

Ces animaux sont divisés par groupes plus ou moins importants et se multiplient dans une proportion très encourageante. Toute l'île est du reste très propice à l'élevage.

GRANDE COMORE

Carte dressée par A.Meunier

Echelle de

0   5   10 Kil.

Legenda
Route
Chemins muletiers
Sentiers
Ch.-l. de province
Villages

Mitsamihouli
Ndaouxe
Djomani
Msaoueni
MSAMIOU
Oremani
Bangoi Kouni
Itsinini
Itsandjou
Bantsindxi
Mdjamba
Itsandzeni
Bouni
Tsorale
Mbeni
Milaveni
Hahaïa
Oussivo
Vanamboini
Bahia
Tsudjini
Itsandra
M'Roni
Mnoui
Iconi
Voulvouni
Mandraxa
Salimani
Chaxi
Mdjuini
Dembeni
Ouxihioni
Diboueni
Kombani
Chomoni
Itambili
Boude
Doumboudxivouni
Msangadjou
Idjoindraofa
Mohoro
Namudraha
Foumbari
Kourani
Kourtamilima
Fomboni
Malé
Ouroveni
Chouani
MBADJINI
Bandamadji
M.Kartale
HAMAONI
DIMANI

Malheureusement ces troupeaux ont été décimés pendant la période de troubles que le pays vient de traverser ; les indigènes en ont détruit une quantité considérable malgré la surveillance la plus active.

La viande des animaux de la Grande Comore est très appréciée, notamment à Mayotte et à Zanzibar.

Les bœufs sont de taille plus petite que les bœufs malgaches, mais ils sont forts et trapus, sobres et dociles. On les emploie au charroi.

Les chèvres ont également une chair fine et délicate qui les fait rechercher par les marchés voisins.

Certains sujets engraissés avec soin peuvent rivaliser de goût avec nos meilleurs moutons.

Tous les légumes et presque tous les fruits d'Europe sont cultivés à la Grande Comore mais à des altitudes différentes.

Alors que les salades, les choux, les radis, les carottes, les tomates, les haricots réussissent à peu près partout, il faut aller à la Convalescence ou à une altitude similaire (1.800 mètres) pour récolter la pomme de terre, les asperges, les artichauts, l'oseille, les petits pois, etc. ; le blé, l'avoine, le colza, le lin, la betterave, viennent également à cette hauteur ainsi que le thym, le laurier, l'estragon, l'ail, l'oignon, les poireaux, etc., etc.

Parmi les fruits qui ont donné de bons résultats, nous citerons le pêcher qui vient très bien à une altitude de 4 à 500 mètres et qui donne un fruit très savoureux ; l'olivier planté dernièrement à 600 mètres est bien sorti et vigoureux, le pommier, le cerisier, le poirier, le cognassier, le néflier, l'abricotier, demandent une altitude supérieure et un climat plus en rapport avec celui d'Europe, ils ont réussi à la Convalescence mais produisent peu et demandent de grands soins.

Le fraisier est d'un rendement extraordinaire, le framboisier et le groseiller donnent peu.

La vigne n'a pas donné de résultats, le climat trop pluvieux lui étant nuisible au moment de la floraison.

Il est facile de se rendre compte par cet aperçu sommaire que la Société française a créé de toutes pièces une grande exploitation qui est en pleine prospérité.

Son commerce avec les pays voisins porte principalement sur les bestiaux, les bois et un peu de charbon.

Chaque année, Zanzibar et Mayotte lui prennent de nombreuses têtes de bétail.

De grandes expéditions de bois sont faites à Majunga, dans les iles voisines ou à la côte d'Afrique et le reste de la production de la scierie est vendu sur place aux boutres arabes et indiens qui font escale à Moroni.

Ce trafic ne fera que s'accroître au fur et à mesure des améliorations qui seront apportées à l'exploitation des forêts.

Telle est la situation de cette entreprise française créée avec des capitaux français, entreprise qui se présente comme devant être très rémunératrice pour ses fondateurs.

CHAPITRE V

ANJOUAN

CONFIGURATION DU SOL

La petite île d'Anjouan, N'Souani, (île de la main) la perle de l'archipel suivant quelques auteurs, est située à 9 lieues à l'est de Mohéli, et à 15 lieues au Sud-Est de la Grande Comore. Elle a la forme d'un triangle équilatéral de 12 lieues de côté environ; cette forme est déterminée par deux chaînes de montagnes, partant de l'angle Sud et se dirigeant. en décrivant un V, l'une au Nord, l'autre au Nord-Ouest. Son massif, très élevé et extrêmement accidenté, est dominé par un pic aigu : observé du large, à égale distance de la Grande Comore et d'Anjouan, le sommet de ce pic fait, avec la ligne de mer, un angle égal à la moitié de celui fait par le volcan, ce qui lui donne une hauteur d'au moins 1.200 mètres. Un autre sommet arrondi paraît un peu moins élevé. Les vallées sont étroites et profondes et conduisent à la mer des ruisseaux plus ou moins importants.

A l'inverse de Mohéli, tous les sommets sont très boisés ainsi que les pentes, aussi l'eau est-elle abondante.

Sur beaucoup de points du littoral, le sable est noir. Les coraux tiennent aux assises de l'île, mais s'étendent assez loin

au large, le long de la côte occidentale. Ailleurs, la côte tombe
à pic dans la mer et donne de suite grand fond. Anjouan n'a
que des rades foraines ; car on ne peut regarder comme un
port le petit bassin, balisé autrefois par les Anglais au milieu
des coraux, près de Pomoni.

Aussi fertile que Mayotte, l'île d'Anjouan est plus saine. Les
maladies les plus communes sont la dyssenterie et la variole,
et seulement en quelques endroits marécageux, les fièvres
paludéennes. L'abaissement relatif de sa température peut
être attribuée à l'élévation de son massif et au boisement
presque complet de ses montagnes. Bien qu'employé là comme
dans les autres Comores, le défrichement par le feu n'a pas eu
d'aussi désastreux résultats, la végétation est aussi riche et a
le même aspect qu'à Mayotte.

HISTOIRE DE L'ILE

L'île d'Anjouan était gouvernée, au début de ce siècle, par
des sultans, héritiers d'une antique famille arabe. En 1842, le
prince Sélim, après une longue lutte, réussit à chasser du
trône le prince Allaouy, son neveu, et s'empara à sa place du
pouvoir suprême. L'usurpateur, profitant du concours de
l'Angleterre et de la neutralité de la France, repoussa avec
succès toutes les tentatives d'Allaouy et de ses héritiers, et
régna paisiblement jusqu'à sa mort (août 1855).

Son fils, le prince Abdallah s'affermit tout d'abord sur le
trône en noyant dans le sang une révolte, qui avait éclaté peu
après son avénement, puis profitant de la tranquillité qu'il
venait d'assurer pour de longues années, il se lança dans des
entreprises industrielles, dans l'espoir d'augmenter ses revenus.
Il était entraîné dans cette voie par l'exemple des Européens.
qui s'étaient fixés dans l'île. En 1848, M. Sunley, sujet anglais,
était venu fonder à Anjouan une importante plantation de
cannes à sucre : il avait heureusement réussi à développer cette

La Résidence de France à Anjouan

affaire et à sa mort (février 1882) il laissa son domaine en pleine prospérité à son neveu, M. Sunley, qui fit gérer cette exploitation par un Français naturalisé Anglais, le baron d'Este.

Un autre blanc, le docteur Wilson, sujet américain, était également venu se fixer à Anjouan et y avait créé des plantations de café qui avaient pleinement réussi (1872). Le sultan Abdallah fut moins heureux dans ses tentatives pour exploiter l'île et ses tentatives agricoles le conduisirent rapidement à la ruine ; il contracta envers l'Oriental Bank de l'île Maurice, une dette, qui s'élevait au total respectable de 266.000 roupies.

Ces événements eurent cependant pour la France un heureux résultat. Le sultan, désireux de se soustraire à la tyrannie des planteurs anglais et américains, et aux pressantes réclamations des représentants de l'Oriental Bank, s'éloigna de nos rivaux, auxquels il avait toujours été très dévoué et fut heureux de se placer sous la protection de la France, lorsque M. Gerville-Réache vint lui faire des offres au nom du Gouvernement. Par le traité du 21 avril 1886, signé en présence du croiseur français le *Chacal* et de la canonnière américaine *Lancaster*, le sultan Abdallah plaçait l'île d'Anjouan sous le protectorat de la France ; en échange, et contrairement à la loi musulmane, nous prenions l'engagement d'assurer à son fils Salim la succession du trône. Enfin, le sultan s'engageait, conformément à une convention qu'il avait signée en 1882 avec les Anglais, à favoriser l'abolition de l'esclavage et l'émancipation des esclaves.

Mais, ce traité était à peine signé, que le sultan chercha à se soustraire à notre influence. Désireux de ne pas exécuter les clauses de cette convention, il suscita des contestations au sujet du texte, puis refusa notre résident. Nous fûmes donc obligés de recourir à la force pour faire rentrer le sultan dans l'obéissance. La *Meurthe*, le *Nielly*, le *Vaudreuil* et le

Hussard, sous le commandement du commandant Dorlodot des Essarts, vinrent mouiller devant Anjouan et débarquèrent quatre compagnies d'infanterie. Devant ce déploiement de troupes, Abdallah céda, accepta le résident français et signa le traité du 26 mars 1887, qui complétait le traité du 21 avril 1886.

Ce traité fut lui-même bientôt remplacé par une autre convention, bien plus favorable pour nous, que le sultan signa

Un groupe d'Anjouannais

librement le 15 octobre 1887. Ce dernier traité resserrait les liens du protectorat et créait à Anjouan un tribunal mixte.

Peu après, le sutan mettait fin à ses embarras financiers en signant une convention avec ses créanciers (novembre 1887). Il abandonnait à l'union de ses créanciers l'exploitation de ses domaines ruraux, à charge pour eux d'affecter les revenus, en partie aux intérêts et à l'amortissement de la dette, une partie au paiement d'une liste civile. Enfin, quelques mois après, Abdallah tranchait la délicate question de l'esclavage, par un décret de février 1889, qui favorisait, dans de certaines limites, l'émancipation des noirs.

Il semblait que ces mesures auraient dû faire régner la tranquillité dans l'île ; il n'en était malheureusement rien : en 1889, la présence du « Beautemps-Beaupré », avait seule empêché une révolte d'esclaves, excités par le docteur Wilson ; enfin, le frère du sultan, le prince Saïd Ali Ben Sultan Salim, frustré par le traité de 1886 de ses droits au trône, ne cessait d'exciter les populations contre son frère.

En présence de ces faits, il semble résulter que le sultan aurait dû rechercher l'amitié de la France : mais, au contraire, à partir de 1890, cédant aux conseils de nos ennemis, il ne cessa de nous créer des difficultés et d'encourager les mouvements anti-français. La situation était déjà très tendue, lorsque le vieil Abdallah mourut (2 février 1891). Aussitôt, la guerre civile éclata entre son fils Salim et son frère Saïd Othmann, qui armèrent leurs esclaves pour soutenir leurs prétentions. Saïd Othmann sortit vainqueur de la lutte et consentit à faire grâce à son compétiteur, à condition de l'aider contre les Français. Le docteur Ormières, notre résident, dut s'embarquer sur le *Boursaint* et revenir à Mayotte, en attendant le retour du gouverneur M. Papinaud et l'arrivée de renforts suffisants. La répression ne se fit d'ailleurs pas longtemps attendre. Le *Boursaint* et le d'*Estaing*, portant trois compagnies d'infanterie de marine arrivèrent le 23 avril devant Anjouan et eurent vite rétabli l'ordre. Le prince Salim et le prince Saïd Othmann, déclarés déchus de tous leurs droits au trône, furent embarqués pour Mayotte et M. Papinaud éleva à la dignité de sultan d'Anjouan, le prince Saïd Omar.

Ce prince, héritier du sultan détrôné en 1842, s'était toujours montré très fidèle à la France, qui avait récompensé son dévouement par la croix de la Légion d'honneur et qui venait de lui donner une nouvelle preuve d'intérêt

Panorama de la ville de Domani, à Anjouan

en rétablissant son fils Saïd Ali, sur le trône de la Grande Comore.

Aussi les premières relations que nous eûmes avec ce nouveau sultan furent-elles excellentes et pour prouver, par un acte, sa déférence aux idées françaises, il s'empressa d'abolir complètement l'esclavage, sans réserves ni restrictions. (Décret du 15 mai 1891).

La tranquillité régna dès lors dans l'île d'Anjouan, et le gouverneur de Mayotte, put faire signer sans difficulté, par le sultan, un nouveau traité de protectorat, (8 janvier 1892) qui supprimait le conseil des ministres et qui augmentait considérablement l'ingérence du résident dans l'administration de l'île.

Ces mesures permirent au gouvernement français de rappeler les troupes qui tenaient garnison à Anjouan (10 janvier 1892) sans que le moindre désordre se produisît dans la population. Cette pacification des esprits s'affirma bientôt dans des circonstances plus importantes encore. Le 16 avril 1892, le vieux sultan Saïd-Omar mourut après une courte maladie : le résident français s'empara immédiatement du Gouvernement provisoire de l'île, en attendant les ordres du ministre des Colonies. Après une courte hésitation, la France renonça à annexer Anjouan et l'on appela au trône le prince Saïd Mohamed, fils aîné du défunt sultan. Pendant ces négociations, l'île ne fut troublée par aucune tentative d'insurrection et le calme ne cessa de régner parmi les indigènes.

Depuis cette époque, malgré le passage dans l'île de quatre résidents, il est difficile de citer des événements bien saillants dans l'histoire politique d'Anjouan.

POPULATION ET ADMINISTRATION

La population d'Anjouan se compose d'Arabes, d'Antalotes, de quelques Malgaches et de nègres d'Afrique ou de Mada-

gascar ; elle peut être évaluée à 15.000 habitants environ et
répartie ainsi : quatre dixièmes Arabes purs, trois dixièmes
Antalotes, un dixième Malgaches, deux dixièmes d'anciens
esclaves affranchis. Sectateurs d'Ali pour la plupart, les
Musulmans, Arabes et Antalotes, exercent une prépondérance
incontestée. Cette population est répandue dans trois villes,
avec murailles et maisons en pierres, M'Samoudou, Pomoni et
Domoni, un gros bourg, Ouani, et environ 80 villages.

M'Samoudou (la douane et la citadelle)

M'Samoudou, la capitale et la plus ancienne ville d'Anjouan,
est située sur le bord de la mer, au fond d'une grande baie
produite par la saillie des pointes Nord et Nord-Ouest de l'île.
Bâtie sur une pente douce, au pied d'un monticule très
escarpé, la ville a bon aspect de la rade. Elle occupe un carré
régulier de 500 mètres environ de côté, flanqué d'une vingtaine
de tours. Les maisons, toutes en pierres, présentent une masse
compacte de toits terminés en terrasses, dominée par deux
grands bâtiments à toits plats, l'habitation du sultan et une
autre belle maison, et au centre, par le minaret de la principale

mosquée, haute tour ronde, couronnée par une espèce de lanterne qui lui donne de loin l'air d'un phare. Au-dessus du monticule, se dresse la citadelle, avec son mur d'enceinte crénelé et son donjon surmonté d'un mât de pavillon ; elle commande complètement la ville à laquelle elle est reliée par un long escalier droit.

Aux portes de la ville, à main droite, on voit, sur les bords d'une petite rivière limpide et abondante, un faubourg bâti en bois et en macoutis, habité par des nègres ; tout à côté, une jolie maison européenne, ancienne habitation du consul anglais ; plus loin, un petit fortin à demi ruiné. De l'autre côté de la ville, on aperçoit des chantiers de construction pour les boutres, des cases et des jardins.

M'Samoudou ne renferme dans ses murs aucun arbre, mais les abords de la ville sont couverts de cocotiers, d'arbres fruitiers, de champs entourés de haies, et de cultures très soignées ; au-dessus des premières pentes, garnies de pâturages semés de bouquets de bois, on aperçoit les sommets boisés des montagnes auxquels les tons noirs du feuillage des morouvos donnent une teinte particulièrement sombre.

Devant la ville, la plage est couverte de galets et de sable gris. Le lit de la rivière est encombré de blocs de lave et de gros galets de basalte. Beaucoup de cases du faubourg ont sur leur seuil des prismes naturels ; les montagnes voisines paraissent composées de basaltes, de laves et de pouzzolanes ; la terre est rouge.

La muraille de la ville n'est pas d'une hauteur régulière ; en plusieurs endroits ce sont des maisons qui forment l'enceinte, comme au moyen âge, dans certaines vieilles bourgades de France. Les portes sont pratiquées dans des tours carrées et dans un plan perpendiculaire au front de la ville ; près de chacune gisent à terre deux ou trois vieux canons de fer, timbrés de croissants, d'armes espagnoles ou portugaises, et même de fleurs de lys. Les rues, larges au plus de 1m50 à 2 mètres sont sinueuses, se coupent à chaque instant entre des maisons presque toutes semblables et forment un véritable labyrinthe. Quelques maisons sont jointes au-dessus des rues par des galeries couvertes, en bois sculpté. La plupart n'ont qu'un rez-de-chaussée ; celles à étages, seules, ont des fenêtres sur la rue ; les autres n'ont d'ouverture apparente qu'une grande porte en bois sculpté.

La maison du sultan est un assemblage de grandes constructions carrées, très hautes et couvertes de terrasses qui dominent toute la ville. Elle est percée, au rez-de-chaussée, de meurtrières, et tout au sommet de l'étage, de nombreuses fenêtres garnies de persiennes ; quelques-unes, donnant sur cours intérieures, ont des balcons de bois.

M'Samoudou, renferme sept ou huit mosquées d'une architecture massive et très simple. Toutes ont sur leur façade un portique couvert, et des bassins pour les ablutions. Autant qu'il est possible d'en juger, de la porte, elles ne renferment que des nattes sur le sol et quelques inscriptions arabes sur les murs. Une seule, celle du centre, est surmontée d'un minaret haut d'environ quarante pieds.

Aucune boutique n'est apparente. Quelques maigres magasins, qu'on ne peut découvrir sans guides, tenus par des Indiens ou des Arabes, contiennent des étoffes anglaises, indiennes ou arabes, des espèces de dattes, de la verroterie, de la faïence, des essences et quelques autres objets de provenance européenne ; les seuls produits du crû sont des colliers faits de pâte de santal râpé et de gomme, de clous de girofle et de pépins de jamrosa. Les légumes, la viande, le poisson se vendent sur la voie publique.

Anjouan n'a pas d'industrie particulière. Son commerce est plus important que celui de Mohéli et de la Grande Comore. Chaque année, des boutres, se rendant de Bombay et de

11

Zanzibar à Madagascar, y laissent des produits de l'Inde, de l'Arabie et de la côte d'Afrique, ils y apportent, à leur retour de Madagascar, le riz nécessaire à la consommation et quelques travailleurs libres. Les navires de passage l'approvisionnent d'étoffes, de draps rouges, de poudre, de sirops, de savon, d'essences, de glaces, de coutellerie, de verres, de faïence, de galons, d'armes à feu, de bougies, etc., etc. La monnaie courante est, comme dans les autres Comores, la roupie, dont la valeur varie de 1 fr. 65 à 2 francs, de notre monnaie. On se sert également de la pièce de 5 francs française partagée en dix morceaux dont chaque fraction se nomme toumoni. Le sel même, qui est rare, est employé comme monnaie pour les menus achats. Il remplace les sous et les centimes d'Europe.

ORIGINE DU PROTECTORAT

Le protectorat d'Anjouan a été, comme il est dit plus haut, sollicité en 1886, par le sultan lui-même pour se mettre à l'abri des réclamations fréquentes des puissances étrangères. Il y avait, en effet, avant le protectorat, quatre grandes exploitations dans l'île, dont une seule à un Français : les autres appartenaient à des Anglais ou des Américains. Au moindre dommage qu'éprouvaient ces derniers, du fait des indigènes, ils réclamaient des indemnités exorbitantes et si le sultan tardait à s'exécuter, il voyait arriver un navire de guerre anglais ou américain.

La première réforme du protectorat a été d'amener le sultan à décider l'abolition de l'esclavage et d'organiser le pays.

Successivement, sous l'influence du résident, la perception de l'impôt a été régularisée, la justice et la police organisées.

C'est le résident, qui par délégation du sultan choisit les chefs de village sur une présentation élective faite par la communauté. Les chefs sont chargés de la surveillance générale et responsables de la rentrée de l'impôt.

Une allée d'aloès à Anjouan

L'impôt est de trois sortes :

1º Capitation (5 roupies).

Cet impôt est payé très exactement.

Un reçu, blanc pour la somme entière, et rouge pour les versements partiels, est délivré à l'indigène qui est ainsi assuré de ne payer qu'une seule fois.

2º Foncier, 1/2 roupie par case.

3º Prestations.

Avant le protectorat, la prestation était pour ainsi dire illimitée ; certains villages fournissaient jusqu'à 4 ou 5 mois. Elle n'est plus aujourd'hui que de trois jours par mois, exception faite du temps du Rhamadan, pendant lequel elle n'a pas lieu. Souvent même, lorsqu'un village a des travaux urgents, remise de la prestation lui est accordée.

La prestation a permis de sillonner l'île de nombreux sentiers et de construire un warf en bois de 110 mètres de long.

Le pouvoir du sultan n'existe plus ; il vit avec ses femmes laissant l'administration au résident.

SITUATION INDUSTRIELLE ET COMMERCIALE

A part l'exportation de sucre et de la vanille, faite par les colons, les indigènes, ou plutôt les commerçants expédient à Zanzibar, en échange de marchandises nécessaires à leur commerce, du maïs, du mil, de la cannelle, des nattes faites avec les feuilles desséchées de certaines plantes du pays, des pistaches.

La pistache est surtout la principale exportation des indigènes d'Anjouan qui en expédient annuellement à Zanzibar près de 300 tonneaux.

A Mayotte, et principalement à Madagascar, partent constamment, venant des deux îles, des boutres chargés de cocos qui sont vendus à raison de cent francs le mille.

Près de 100.000 cocos sont ainsi exportés annuellement.

A l'importation, Anjouan reçoit de Zanzibar les marchandises nécessaires à son commerce et provenant de Bombay; indiennes, toileries, soieries, riz en très grande quantité étant donnée la faible récolte du pays, sel, pétrole, savon, etc.

Anjouan reçoit également de Mascate, du poisson sec, et de Madagascar de la viande salée, qui forment avec le riz, la principale nourriture des indigènes.

Très peu de marchandises françaises arrivent dans le pays pour être livrées au commerce, malgré l'exonération des droits de douane faite à nos produits et les droits de 12 0/0 frappés sur tous ceux étrangers.

Zanzibar étant le point commercial le plus rapproché des Comores et l'endroit où ils peuvent tout se procurer, c'est là que s'approvisionnent pour la plus grande partie les commerçants de ces îles.

L'île d'Anjouan a été très fréquentée pour les Européens dans le cours des trois derniers siècles. C'était le point de relâche des navires qui se rendaient dans l'Inde par le canal de Mozambique. Jusqu'à l'abolition de la traite, les négriers y venaient fréquemment et y étaient fort bien reçus. On doit, du reste, rendre cette justice aux Anjouanais, qu'ils ont été toujours très hospitaliers pour les Européens, et qu'on n'a pas d'atrocités à leur reprocher comme aux Mohéliens, aux Mahoris et aux Comoriens. Aujourd'hui l'île n'est plus fréquentée que par les baleiniers américains, les navires de guerre français et anglais, quelques rares navires de commerce qui, en passant, y viennent prendre de l'eau et des vivres frais et par ceux qui viennent charger les sucres, la vanille et les cafés des colons. Pendant toute l'année, de petits boutres apportent à Mayotte des chèvres, des poules, des cocos et de l'huile; ils remportent quelques marchandises européennes; mais c'est là un commerce insignifiant. La principale importance des relations avec Anjouan est, pour Mayotte, le recrutement des travailleurs.

SITUATION AGRICOLE

Les cultures sont très soignées et en grand progrès. Elles sont faites par les Européens et les indigènes. Les premiers exploitent dans les quatre grandes propriétés de l'île, la canne à sucre, la vanille et le café. (Voir tableau A).

Les seconds, ne disposant d'aucuns capitaux, cultivent surtout les denrées indispensables à leur nourriture et qui consistent en manioc, pistache, mil, maïs, cocos, patates, etc. (Voir tableau B.)

Les trois grandes propriétés sucrières de Pomony, de Bambao et de Patsy donnent des résultats avantageux malgré la baisse actuelle du prix des sucres. Cela tient évidemment au bas prix de la main d'œuvre des engagés.

La société française de Pomony, composée de quatre français, ne se borne pas à faire exclusivement de la canne à sucre ; elle a planté aussi de la vanille, du café et du caoutchouc.

Sa fabrication annuelle de sucre est d'environ 550 tonnes et elle ne tient pas à l'augmenter. Elle n'étend donc pas les surfaces plantées en cannes. Pour la vanille, au contraire, sa production de 1899, qui ne sera déjà pas moindre de 2.000 kilogrammes de vanille préparée, s'augmentera de près de moitié cette année.

Ses caféières ne rapportent pas encore, étant de création trop récente, mais 30.000 arbustes de la variété dite de libéria sont déjà en pleine végétation.

Les plantations de caoutchouc de l'espèce dite Manihot-Géara, faites seulement depuis l'année dernière, sont aussi trop jeunes pour être mises en exploitation.

L'établissement de Bambao est dirigé et administré par des français : MM. Regouin et Bouoin.

La vieille usine, qu'exploitait autrefois le sultan lui-même,

Un groupe d'Anjouannais devant la porte d'un palais, à M'Samoudou

continue à fabriquer environ 450 tonnes de sucre par an. Mais ce sont les plantations de vanille qui sont surtout importantes ici ; de 800 kilos que l'établissement exportait depuis deux ans, la production s'éleva brusquement, en 1899 à près de 4.000 kilogrammes de vanille préparée, et elle atteindra même 6.000 kilogrammes, lorsque toutes les plantations auxquelles on se livre actuellement seront en rapport.

Les trois domaines de Pomony, de Bambao et de Patsy, avec leurs usines, sont des propriétés du sultanat et ne sont que données en location au profit du budget local d'Anjouan, savoir :

Pomony, pour 2.500 roupies par an.

Bambao, pour 10.000 francs par an.

Patsy, pour 595 francs seulement.

Diverses locations de terres, faites à d'autres colons, rapportent encore 2.700 francs par an au budget.

Bambao compte, en outre, 6.000 pieds de café, dont 4.000 de café Libéria et 2.000 de café de Bourbon.

Ainsi qu'à Pomony, des caoutchoucs de Céara ont été plantés sur de vastes étendues mais depuis une année seulement.

C'est à Bambao que sera installée, à partir de cette année, l'unique distillerie d'Anjouan. Une convention du 9 janvier 1894 a accordé pour 20 ans à deux colons de l'île, moyennant 600 roupies de redevance annuelle, le monopole de la fabrication du rhum dans l'île. Mais il est bien stipulé que tous les spiritueux fabriqués devront être exportés et que rien ne sera consommé sur place. D'après le concessionnaire, les rhums de Bambao serviront de marchandise d'échange à Madagascar, contre les riz qu'ils auront à faire venir pour la nourriture de leurs engagés.

La troisième usine à sucre de l'île d'Anjouan, celle de Patsy dont la fabrication est de 250 tonnes environ par an, est

Un campement dans l'intérieur de l'île

exploitée par un Américain, M. le Dr Wilson. Depuis l'année
dernière, ce colon se livre aux cultures dites secondaires, de
la vanille, du café et du cacao, qu'il avait paru dédaigner tout
d'abord.

M. Plaideau, propriétaire de la vanillerie de Sangani, est un
planteur qu'on pourrait donner en exemple à tous ceux qui, en
France, seraient désireux de venir tenter fortune aux Comores
avec quelques milliers de francs.

Sa plantation de vanille, entreprise, il y a sept ans, avec un
capital d'une dizaine de mille francs, est l'une des plus belles
exploitations de ce genre qui soient au monde.

Cette propriété a produit :

En 1896, 1.800 kilos de vanille préparée.

En 1897, 2.250 kilos de vanille préparée.

En 1898, 2.900 kilos de vanille préparée.

A partir de l'année 1899, M. Plaideau espère arriver à une
production de 3.000 kilos.

Ce colon a exporté aussi, l'année dernière, 4.000 kilos de
clous de girofle. Mais cette épice s'est fort mal vendue, dit-il,
et c'est à peine si les frais de la récolte ont été couverts.

Un autre planteur de vanille d'Anjouan, peut aussi être
donné en exemple : avec de faibles capitaux, il a su se créer,
dans une localité appelée Pagé, une jolie vanillerie qui lui a
rapporté, en 1897, un millier de kilogrammes de vanille
préparée. L'année dernière, le cyclone ayant fait subir de grands
dommages à sa plantation, il n'a pu exporter que 250 kilos.

Ces résultats sont très remarquables. Il faut considérer, en
effet, que la vanille qui se vend depuis 30 francs jusqu'à 75
francs le kilo, suivant qualité, ne doit pas s'évaluer à moins de
50 francs comme moyenne et qu'une récolte de 1.000 kilos,
vendue par conséquent 50.000 francs, ne laisse pas moins de
35.000 francs de bénéfice net. (Voir notice sur Mayotte, cannes
et vanilliers.)

On s'explique, dès lors, l'engouement dont cette culture est aujourd'hui l'objet dans toutes les Comores.

En ce qui concerne Anjouan plus particulièrement, il est question de la venue prochaine de plusieurs nouveaux colons.

Mieux que les autres îles des Comores, Anjouan, très pittoresque, très fertile, arrosé de nombreux cours d'eau et jouissant d'un renom de salubrité meilleur que Mayotte et Mohéli, se prêterait, avec succès, à des essais de petite colonisation (1). A la Grande Comore, qui a cependant un climat encore meilleur, il n'y faudrait pas songer, d'abord à cause du terrain trop rocheux qu'on y rencontre un peu partout.

Dans cette dernière île, ce qu'il faut faire surtout, c'est de l'élevage, mais de l'élevage en grand sur de vastes étendues de terres et dans les prairies établies sous bois. La Compagnie française de la Grande Comore y est merveilleusement installée pour cela.

A Anjouan, au contraire, deux ou trois hectares de terre plantés en vanille peuvent arriver à représenter une fortune en quelques années. C'est donc de ce côté que devraient être dirigés même avec des encouragements, les courants d'émigration qui se manifesteraient en France.

Tableau A. — Culture européenne

Propriétés	Cultures	Production annuelle
Société française de Pomony	Cannes	550 tonnes de sucre.
	Vanille	2,000 kilos.
	Caoutchouc	ne produisent pas encore.
	Café	

(1) Voir notice sur la Grande Comore.

Tableau A. — Culture européenne (*Suite*)]

Propriété de Bambao à MM. Regoin et Bouin	Canne Vanille Café Caoutchouc	450 tonnes de sucre. 4,000 kil. vanille prép. ne produisent pas encore.
Propriété de Patsy au Dr Wilson ..	Canne Café Cacao Vanille	250 tonnes de sucre. ne produisent pas encore.
Propriété de Sangany à M. Plaideau	Vanille Girofle Café	2,900 kil. vanille prép. 4 tonnes clous girofle. ne produit pas encore.

Tableau B. — Culture indigène

Manioc.

Patates.

Cocos.

Maïs.

Mil.

Riz.

Pistache.

Cannelle

Quelques graminées portant des noms indigènes.

Bananes.

Ordre de l'Etoile d'Anjouan

Avant notre prise de possession des îles de la Grande Comore, de Mohéli et d'Anjouan, les sultans de ces îles avaient institué, chacun, une décoration particulière : pour la Grande Comore, l'Étoile des Comores; pour Mohéli, l'Étoile de Mohéli; pour Anjouan, l'Étoile d'Anjouan.

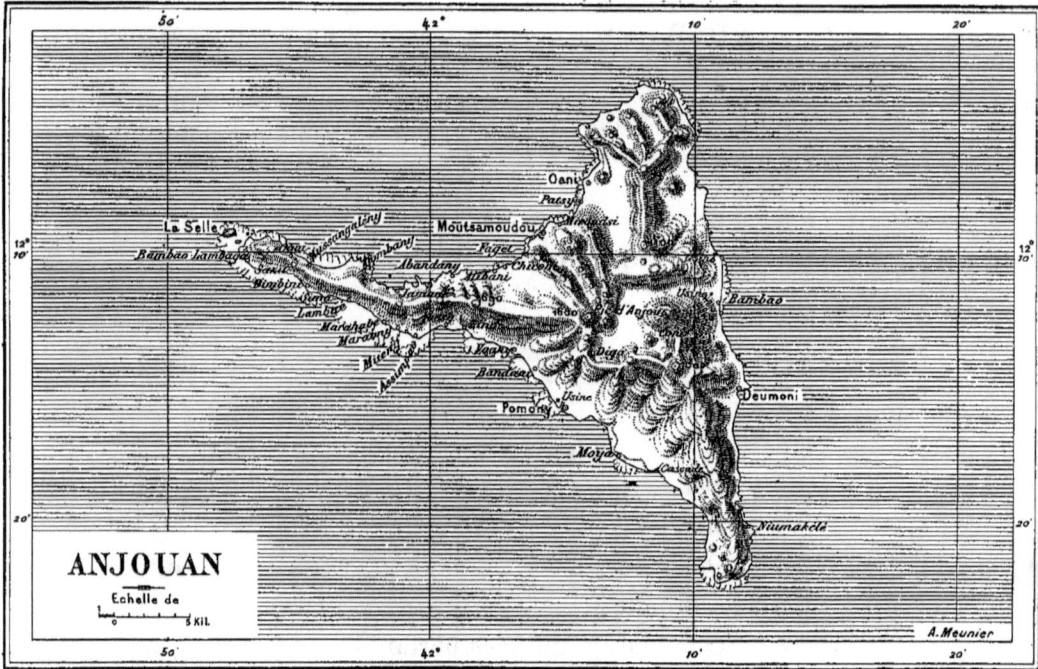

ANJOUAN

Echelle de

0   5 Kil.

A. Meunier

Seule, l'Étoile d'Anjouan a été reconnue par le gouvernement français le 12 septembre 1896. Ses statuts primitifs ont été abrogés et sa réglementation actuelle a été soumise, comme celle des décorations coloniales déjà existantes, aux décrets des 10 et 23 mai 1896 et 12 janvier 1897, qui ont fait des ordres coloniaux des décorations purement frsnçaises.

Les insignes de l'Étoile d'Anjouan sont une étoile à huit rayons doubles surmontée d'un anneau. Le centre de l'étoile, émaillé de blanc, comprend les attributs suivants, en or : un croissant, surmonté d'une main au-dessus de laquelle sont inscrits, en caractères indigènes, les mots : « Sultanat d'Anjoua ». En exergue, se trouve, en caractères français, l'inscription : « Ordre royal de l'Étoile d'Anjouan. — Comores. »

L'insigne est en or. Le diamètre de la croix seul varie, suivant les grades : de 40 millimètres pour les chevaliers et les officiers, il est de 60 millimètres pour les commandeurs, de 80 millimètres pour les grands officiers et les grands croix.

Primitivement rouge, bordé de blanc, le ruban a été modifié afin d'éviter la confusion qui aurait pu se produire avec les insignes de la Légion d'honneur, étant donné la quantité notable de rouge, entrant dans le ruban d'Anjouan. Aux termes du décret du 5 décembre 1899, le ruban de l'Étoile d'Anjouan, seul autorisé à dater du 1er mai 1900, est à fond bleu pâle, bordé de chaque côté de deux liserés orange de un vingtième de la largeur du ruban, le premier liseré étant situé à un vingtième du bord du ruban, le deuxième à un vingtième du premier.

CHAPITRE VI

MOHÉLI

CONFIGURATION DU SOL

Mohéli, la plus petite du groupe des Comores, située à 12 lieues au S.-E. de la Grande-Comore, est de forme elliptique; sa longueur de l'Est à l'Ouest est de 26 kilomètres sur une largeur de 18. Elle présente, vue du large, l'aspect d'une masse de mamelons se superposant et s'élevant rapidement du bord de la mer au centre de l'île, séparés [par des vallées plus ou moins profondes qui aboutissent généralement à la mer; un grand nombre de ces vallées sont arrosées par des ruisseaux ou de petites rivières.

Le point culminant est une montagne à ondulations arrondies; à côté, vers le centre de l'île, on voit un double piton un peu moins élevé. Ces sommets ont environ 650 mètres de hauteur; à moitié route de la Grande Comore, ils apparaissent sous un angle égal au quart de celui fait par le sommet du volcan de Comore avec la ligne de mer.

. Il y a quelques marais et des palétuviens à l'embouchure de la principale rivière qui débouche de la magnifique vallée de Louala. Les coraux tiennent aux assises de l'île mais s'étendent, sur plusieurs points, à un mille au large. Quel-

ques petits ilots stériles se montrent auprès des côtes, surtout à Numa Choa, où ils abritent un bon port, le seul de
l'île.

Mohéli est loin d'être salubre ; son littoral, sans être aussi
marécageux que celui de Mayotte, est entouré, sur plusieurs
points, de bancs de vase et de corail découvrant à mer basse
et exhalant, sous l'action du soleil, des miasmes auxquels
on attribue les fièvres paludéennes dont souffrent tous les
habitants, excepté les nègres. Ces fièvres prennent quelquefois un caractère pernicieux.

Avec ses nombreuses rivières, Mohéli est plus cultivable
que la Grande Comore. Toutes les vallées et le bas des versants sont couverts de cocotiers et de cultures ; mais presque
tous les sommets sont dépouillés, car la majeure partie des
forêts a été détruite par les incendies et remplacée par des
pâturages semés de bouquets de bois. Il reste cependant de
belles forêts dont l'exploitation commence à fournir d'excellents bois de construction. Les Mohéliens, comme tous les
Comoriens, ont l'habitude d'incendier les herbes et les broussailles, vers le mois de novembre, pour planter leur riz. Pendant la saison sèche, ils brûlent de nouveau les grandes herbes
pour procurer de l'herbe fraîche à leurs bestiaux. Par suite
du dépouillement, les pentes s'ébranlent, la terre végétale
descend dans les vallées, qui n'en ont pas besoin, et, ce qui
est plus grave, le sol de l'intérieur, mis à nu, ne retient plus
l'eau des pluies et les sources tarissent ; c'est ainsi que plusieurs forêts et rivières ont déjà disparu ; tous ces inconvénients seraient évités si les Mohéliens prenaient la précaution
de baliser les endroits qu'ils veulent incendier.

Les villages sont bâtis au bord de la mer, sous des cocotiers, ordinairement près de l'embouchure d'un ruisseau ;
cette disposition, plus commode pour la paresse des habitants, qui ne connaissent, en fait de route, que le sable ou

les galets du rivage, est regrettable au point de vue de la
salubrité ; si tous ces villages étaient bâtis sur les hauteurs
à 150 ou 200 mètres seulement d'élévation, les habitants
échapperaient à l'influence des gaz délétères qui font une
ceinture à l'île, du coucher au lever du soleil. C'est, en grande

La milice à Mohéli

partie, à l'élévation des villages au-dessus du niveau de la
mer que la Grande Comore doit sa réputation de salubrité.

POPULATION

Composée d'Antalotes, de Malgaches, d'Arabes, de quelques Hovas, de Mahoris émigrés, et surtout de noirs de la
côte d'Afrique, la population totale est de 8.000 âmes. Le
sang nègre domine chez les Antalotes ; on peut ainsi évaluer
la proportion des différentes races : quatre dixièmes Nègres,
trois dixièmes Antalotes, deux dixièmes Malgaches purs et
Hovas, un dixième Arabes. Un instant subjugués par les

Malgaches, les Arabes ont repris la suprématie, et ils finiront
certainement par convertir et rallier à eux toute la population. Autrefois très féroces, les habitants sont encore aujour-
d'hui ombrageux et farouches; quelques-uns ne sortent qu'avec
des sagaies, des sabres ou de mauvais fusils, et tous portent
un couteau ou un poignard à la ceinture.

HISTOIRE DE L'ILE

L'île de Mohéli était depuis longtemps gouvernée par une
antique famille arabe, lorsqu'en 1829 le prince hova Ramanateka,
chassé de son pays, se réfugia aux Comores. Nommé général
en chef par le sultan de Mohéli, il repoussa l'invasion du
sultan d'Anjouan, puis profita de sa victoire pour détrôner
son maître et s'emparer du pouvoir. Il mourut quelques
années après (1841), en laissant le trône à sa fille, la jeune
princesse Djoumbé Fatouma.

Grâce à l'empire exercé sur la reine par son institutrice
française, Mme Drouet, notre influence fit de rapides progrès
dans l'île, et Djoumbé Fatouma consentit à se laisser cou-
ronner par le commandant de la division navale de l'Océan
Indien (1848). Mais, à la suite du départ de Mme Drouet,
chassée par une émeute (1851), et du mariage de la reine avec
un neveu de l'Iman de Mascate, les sentiments de Djoumbé
Fatouma se modifièrent profondément. Dès lors, elle nous
témoigna une indifférence très voisine de l'hostilité, et il fallut
envoyer des navires pour protéger les colons français de l'île.
M. Lambert, le célèbre duc d'Emyrne, avait, en effet, fondé
à Mohéli (traité du 14 février 1865) une importante exploitation
agricole; très bien accueilli, au début, par les autorités indigènes, ce planteur ne tarda pas à avoir avec elles de fréquentes
discussions d'intérêt. La reine, désireuse de mettre fin à cet
état de choses, et persuadée que son abdication rendrait sans
effet les engagements signés par elle, céda le pouvoir à son

Costume de chef mohélien

fils Mohammed et partit pour l'Europe. Durant son absence, le sultan, contraint par une flotte française à respecter les promesses de sa mère (1867), comprit vite que son intérêt lui commandait de régler les questions en litige : aussi, quelque temps après, signa-t-il, en présence des officiers du *Volta*, un traité qui mettait fin à toutes ses difficultés avec M. Lambert (14 juin 1871). La reine, de retour dans l'île, profita de cet apaisement pour reprendre la direction du gouvernement, et, jusqu'à sa mort (1878), elle vécut en bons termes avec M. Fleuriot de Langle, le fils de l'amiral, qui avait acheté en 1873 la propriété Lambert.

Son fils et successeur, le prince Abderhamann, ne tarda pas à se faire exécrer du peuple par sa tyrannie et ses actes de cruauté. Enhardi par l'impunité, il crut pouvoir faire sentir aux Européens aussi le poids de son despotisme. A la mort de M. Fleuriot de Langle (1882), sa propriété était tombée entre les mains de M. Sunley le neveu, sujet anglais, qui avait déjà hérité de son oncle d'un domaine à Anjouan et qui se fit successivement seconder, dans la gestion de ses exploitations, par le baron d'Este (1878-1888), Français naturalisé Australien, puis par M. Robertson, sujet anglais. En février 1885, le sultan fit appréhender deux Français, employés chez M. Sunley et leur imposa, sous un prétexte futile, une amende de 200 piastres. Cette témérité fut successivement châtiée par le *Beautemps-Beaupré*, qui obligea Abderhamann à la restitution de l'amende, et par un croiseur anglais, le *Kingsfisher*, qui frappa le sultan d'une amende de 3.000 roupies. Les Comoriens, témoins de cette double répression, profitèrent du discrédit où Abderhamann était tombé pour se révolter contre son despotisme. Le sultan, abandonné de tous, fut tué par les rebelles (1er juin 1885) et remplacé sur le trône par le prince Mohammed-Cheick, petit-fils du sultan détrôné en 1830 par l'usurpateur hova.

Le règne de ce nouveau souverain fut de courte durée. Le prince Mahmoud, frère d'Abderhamann, rentra dans l'île pour revendiquer ses droits et se trouva bientôt à la tête d'une armée imposante. Le parti adverse, mécontent de l'incapacité de Mohammed-Cheick, le chassa de Mohéli et le remplaça par son propre neveu, le prince Marjani.

La lutte recommençait, plus violente que jamais, entre les deux nouveaux compétiteurs, Mahmoud et Marjani, lorsque le gouverneur de Mayotte vint s'interposer entre les belligérants. En présence de l'impopularité de la dynastie hova, et sur les propositions du conseil des ministres, investi de la souveraineté, en l'absence du pouvoir régulièrement constitué, M. Gerville-Réache donna le trône au prince Marjani et signa aussitôt avec lui un traité plaçant Mohéli sous le protectorat de la France (26 avril 1886).

Le nouveau sultan fut reconnu de suite par la partie paisible de la population; mais, dans la région montagneuse de l'île, les fidèles de Mahmoud continuèrent la lutte, et, pour les réduire, il fallut déporter à Diégo-Suarez neuf de leurs chefs.

Après cette exécution, la tranquillité revint dans le pays et l'on put procéder à l'installation du résident de France, M. Vincent. Les rapports peu cordiaux que cet agent entretint avec le sultan motivèrent son changement et son remplacement par M. Régnot, qui vécut en bons termes avec Marjani. L'excellence de ces relations ne tarda pas à s'affirmer dans une occasion solennelle. Des troubles éclatèrent à Mohéli, et le sultan fut contraint de se réfugier à la résidence française, où il vécut plusieurs jours assiégé par la populace. Le gouverneur de Mayotte, M. Papinaud, vint faire une enquête sur les lieux. Il n'eut pas de peine à constater l'impopularité de Marjani, et, en présence des protestations unanimes des habitants et des chefs de village, il se décida à retirer le pouvoir souverain des mains de ce sultan (juillet-août 1888),

Cédant aux vœux de la population, M, Papinaud mit sur
le trône la princesse Salima-Machamba, fille de la reine
Djoumbé-Fatouma, et, pendant la minorité de cette jeune princesse, élevée dans un couvent de la Réunion, il confia la
régence au prince Mahmoud, son frère, dont nous avons déjà
eu l'occasion de parler. La tranquillité ne cessa dès lors de
régner dans l'île, et elle fut encore affermie par l'internement
à Obock de l'ex-sultan Marjani, à la suite d'un voyage qu'il
avait fait à Paris pour réclamer le trône de Mohéli (1890), et
par le retour dans sa capitale de la jeune reine Salima-
Machamba (1895), qui venait de terminer son éducation au
couvent des dames Saint-Joseph de Cluny, à la Réunion.

Le gouvernement français profita du calme des esprits pour
modifier l'organisation du protectorat des îles Comores, Le
décret du 23 janvier 1896 plaça le sultanat de Mohéli sous la
surveillance du résident d'Anjouan et permit ainsi à l'influence française de se faire sentir d'une façon plus continue
dans l'île. Cette réorganisation amena tout d'abord la modification du système financier de Mohéli,

Jusqu'en 1896, en effet, Mohéli ne participait pas aux
dépenses du protectorat et n'avait pas de budget régulièrement établi. Les ressources que le prince Mahmoud partageait
par moitié avec la reine Salima-Machamba, sa sœur, provenaient en partie des redevances payées par les plantations
Will et Sunley et en partie des impôts que le régent percevait
assez illégalement sans aucune autorisation des autorités françaises (capitation, droits de douane, droits de navigation, amen-
des). L'administration française, désireuse d'éviter à la reine
toute cause d'impopularité et heureuse également de grossir
les ressources du protectorat, crut devoir mettre fin à cet état
de choses en créant un budget régulier et un système fiscal
régulier. Elle fit donc signer au prince Mahmoud (juin 1895)
une ordonnance établissant à Mohéli les mêmes impôts qu'à

Anjouan. Cette mesure semble avoir été bien accueillie de la population.

GÉOGRAPHIE

On compte dans l'île deux villes murées, avec des maisons en pierres, Fomboni et Numa Choa, un gros bourg, Louala et une quarantaine de villages plus ou moins peuplés, apparte-

Mohéliennes et Mohéliens

nant à la reine ou à des chefs arabes ou malgaches. Toutes les cases sont en cocotiers ou en terre battue et carrées.

Fomboni, la capitale, est située au Nord-Est sur le rivage, dans une plaine large d'un kilomètre, qui s'étend entre les montagnes et la mer. En face de la ville, un banc de corail court parallèlement à la côte, à un kilomètre du rivage ; ce banc est coupé par une passe large de 60 mètres environ, donnant accès à un bassin naturel où peuvent mouiller 8 à

10 boutres. Les navires mouillent en dehors du récif par 9 ou 10 brasses. De la rade, l'aspect de la ville est très pittoresque ; on voit une grande batterie, percée de 21 embrasures qui se détachent en noir sur une longue bande blanche ; plus loin, un petit fortin masquant une des portes situées à l'angle ouest du mur ; puis, un grand faubourg, bâti comme l'autre sous des cocotiers, relie la ville à une charmante habitation européenne, qu'on aperçoit distinctement de la rade, avec ses pavillons et son belvédère ; au-delà, s'étendent les cocotiers, les champs de canne, les plantations de café, de coton, etc.; autour de la ville, une vaste forêt de cocotiers, coupée de cultures, couvre la plaine et la base de la montagne.

On donne dans la passe en prenant l'alignement de l'angle Est de la maison de la reine, qu'on aperçoit au-dessus du mur, par la troisième embrasure de la batterie, en comptant par la droite ; autant que possible, il faut débarquer à mer haute, car, à basse mer, la côte découvre fort loin et les plus légères embarcations ne peuvent approcher à plus de 300 mètres du rivage; on est obligé de franchir cette distance à pied ou en tacon, sur un banc de vase molle, recouvrant des têtes de coraux entre lesquelles on risque d'enfoncer jusqu'à la ceinture. A mer haute, les embarcations vont jusqu'à la mosquée, petit bâtiment carré aux murs très épais, avec un porche à ogives et une salle voûtée, éclairée par quatre fenêtres en forme de trèfles. Cette mosquée n'a pour tout ornement que des nattes ; elle est surmontée d'une terrasse qui sert de minaret.

L'enceinte de la ville est carrée comme celle des anciens camps romains avec un mur en pierre et en corail, haut de 12 à 15 pieds et bien conservé ; trois ou quatre petites portes carrées donnent accès à des ruelles étroites ; beaucoup de maisons sont bâties en chaux et corail, mais il y a aussi, dans l'enceinte, bon nombre de cases malgaches en bois ou en macoutis ; aucune de ces maisons n'a d'étage.

Le mélange avec les Malgaches a modifié les usages des Arabes à Mohéli ; les femmes arabes sortent et se montrent un peu plus facilement qu'à la Grande Comore et Anjouan ; quant aux femmes malgaches et antalotes, elles sortent en plein jour, la figure découverte, et causent librement avec les étrangers.

Outre sa maison de ville, la reine a une grande case entourée d'un village malgache, sur la montagne, à 2 kilomètres de Fomboni. Au pied de ce village coule, dans un vallon très fertile et très ombragé, la rivière qui fournit l'eau à la ville. Fomboni est peuplée de 2.000 habitants.

Numa Choa, l'autre ville, est située au Sud, sur un mamelon commandant un excellent port. Autrefois aussi importante que Fomboni, elle est aujourd'hui presque entièrement ruinée ; il ne reste que des vestiges de son mur d'enceinte flanqué de tours carrées ; à peine contient-elle une soixantaine de maisons en pierres et quelques cases. C'est pourtant là que se trouve le seul bon port des Comores après ceux de Mayotte. Ce port est protégé de tous côtés par des ilots et des coraux, seulement l'accès de la terre est difficile à mer basse. Numa Choa est peuplée d'Arabes et surtout de Mahoris émigrés à la suite des guerres avec Andrian-Souli, de l'occupation de Mayotte par les Français et de l'émancipation des esclaves.

INDUSTRIE ET COMMERCE

Mohéli n'a aucune industrie ; les boutres n'en exportent que des cocos, des peaux de bœufs, des nattes, des rabanes et quelques autres objets insignifiants. Le bétail s'y élève très bien, mais il est trop peu abondant en ce moment pour constituer un article sérieux d'exportation. Tous les ans, les boutres y apportent, comme à Anjouan, de Bombay et de

Zanzibar, les toiles, essences, aromates et autres produits nécessaires à la consommation.

La monnaie courante est la roupie ainsi que les fractions de la pièce de cinq francs.

CULTURES

Mohéli est considérée, à tort ou à raison, suivant les colons comme la plus malsaine des quatre îles de l'archipel, de même que la Grande Comore jouit de la réputation d'être la plus salubre du groupe. Il paraît que les fièvres paludéennes, fréquentes à Mohéli, y affectent souvent un caractère grave avec complications du foie ou de la rate. Les Grands-Comoriens redoutent ce climat et n'y viennent qu'à leur corps défendant.

On ne saurait, dans ces conditions, encourager beaucoup nos compatriotes de France à venir faire de la colonisation dans cette île. Et cependant l'aventure serait bien tentante pour des colons pouvant disposer de 10, 15 ou 20,000 francs et qui viendraient ici cultiver de la vanille. Cette liane rapporte au bout de trois ou quatre ans, n'exigeant pas des soins difficiles ni coûteux, et pour peu que les prix actuels de la vanille se maintiennent sur les marchés d'Europe, ce serait la fortune réalisée au bout d'une dizaine d'années (voir notice sur Mayotte, *Cultures de la vanille*).

Il est vrai que le séjour n'est réellement fatigant et malsain que dans les parties basses de Mohéli. Dès que l'on s'élève à 150 ou 200 mètres au-dessus du niveau de la mer, on jouit d'un tout autre climat : air pur, relativement frais surtout pendant la nuit, et presque plus de moustiques, ces terribles propagateurs des maladies dans les pays chauds,

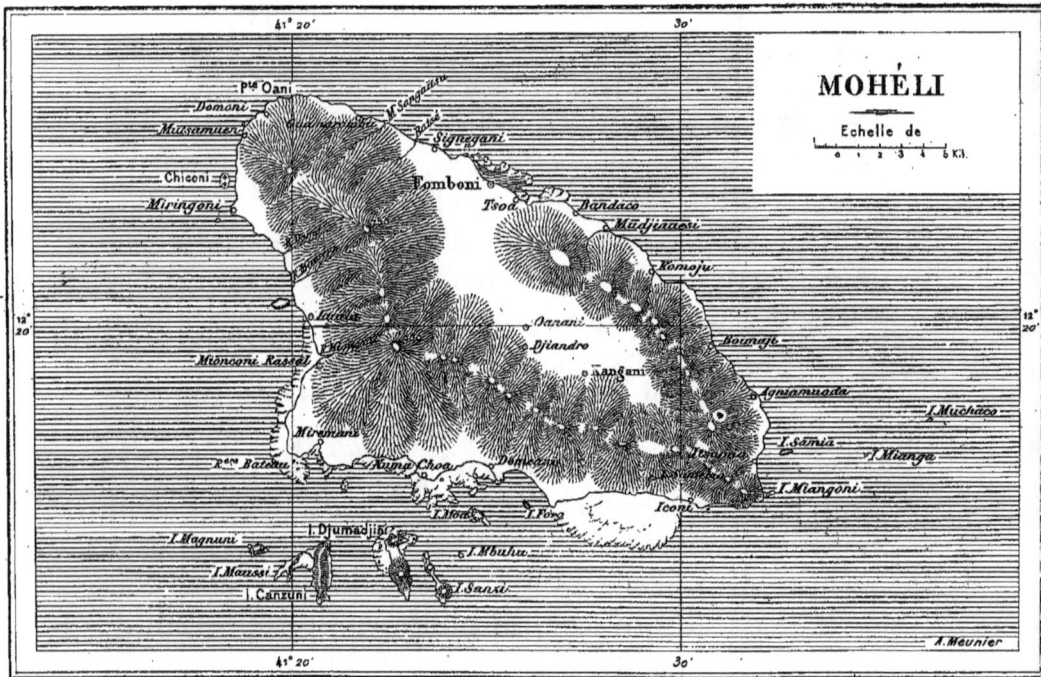

MOHÉLI

Echelle de

Mohéli. — Culture européenne

Propriétés	Cultures	Production annuelle
Propriété de Fombani-Mirimani à M. Humblot	Canne	600 tonnes de sucre.
	Vanille	250 kilos.
	Café	} ne produisent pas encore.
	Cacao	
Propriété de Yombéné à M. Will	Vanille	1,200 kilos.

Culture indigène

Manioc.
Patate.
Coco.
Maïs.
Mil.
Riz.
Pistache.
Cannelle.
Bananes.

Anjouan et Mohéli

DOUANE

La douane produit annuellement à Anjouan et à Mohéli 5.000 roupies environ. Les marchandises étrangères sont taxées de 12 0/0 *ad valorem* et celles de provenance française entrent en franchise.

En résumé, Anjouan et Mohéli, pays très fertiles, donneraient certainement à des colons sérieux et intelligents qui viendraient s'y établir, tous les avantages qu'ils doivent attendre d'une terre aussi prodigieusement riche.

CHAPITRE VII

RÉGIME DU TRAVAIL DANS L'ARCHIPEL DES COMORES

DES ESCLAVES

De tout temps, l'esclavage a existé dans l'archipel des Comores : les iles d'Anjouan et de Mohéli principalement servaient d'entrepôts, entre Madagascar et la côte du Mozambique, et l'achat des esclaves à Zanzibar, soit pour le travail local, soit pour la vente à l'extérieur, constituait le principal commerce des indigènes. Depuis notre prise de possession, ce honteux trafic, devenu impossible, a complètement disparu de l'archipel.

En 1886, à l'époque de notre protectorat aux Comores, on distinguait trois espèces d'esclaves :

1º Les esclaves de maison, Comoriens d'origine, dont la condition était assez douce. Ils partageaient la demeure de leur maître, ses travaux, ses peines et ses plaisirs ; ils étaient en général bien traités, rarement vendus et obtenaient facilement leur liberté. Les fêtes de famille, en effet, étaient l'occasion de fréquentes émancipations et généralement les affranchis restaient de plein gré au service de leur ancien maître, ce qui prouve qu'ils n'avaient pas été trop malheureux pendant leurs années de servitude ;

2º Les esclaves du dehors, également Comoriens d'origine, dont le sort n'était pas non plus trop pénible. Ils cultivaient les terres et gardaient les troupeaux, vivant en général dans une quasi indépendance. Ils étaient rarement vendus mais ils n'étaient pas l'objet de mesures d'émancipation ;

3º Les esclaves Makois, d'origine nègre ou malgache, dont le sort était le plus digne de pitié. Ils étaient occupés aux travaux les plus pénibles et étaient traités sans aucun ménagement; la différence de race les exposait particulièrement à la brutalité méprisante de leurs maîtres et rendait leur condition plus précaire. Considérés comme une véritable marchandise et vendus comme tels, ils changeaient fréquemment de maîtres et n'obtenaient qu'exceptionnellement leur liberté.

SITUATION ACTUELLE

A la Grande Comore et à Mohéli, l'esclavage n'existe plus. Les mesures prises depuis notre occupation ont abouti à l'affranchissement complet. Saïd Ali avait considérablement favorisé l'émancipation des noirs en encourageant la Compagnie de la Grande Comore dans ses tentatives abolitionnistes. En effet, pour se procurer facilement le travailleur dont elle a besoin, cette exploitation a accordé la liberté à tous les anciens esclaves de l'île en échange de la signature d'un engagement de dix ans.

La question de l'esclavage s'est trouvée ainsi résolue et on peut affirmer que l'affranchissement est aujourd'hui général.

A *Anjouan* l'esclavage a aussi complètement disparu depuis quelques années. En 1889, le sultan Abdallah décréta l'émancipation des esclaves, et de fait ils furent tous affranchis mais obligés de rester pendant dix ans au service de leur ancien maître. Pendant les cinq premières années, ils n'avaient droit qu'au logement, à l'habillement et à la nourriture; pendant les cinq autres, ils touchaient en plus un léger salaire. D'ailleurs, les affranchis avaient la faculté de se libérer complètement en versant une indemnité assez modique, fixée par un tarif.

Une Mohélienne et son esclave libérée

En 1891, lorsque Saïd Omar arriva sur le trône, les esclaves étaient presque tous sous les armes, engagés dans la guerre civile qui dévastait l'île. Pour assurer définitivement la tranquillité, le sultan, profitant de la présence des troupes françaises, supprima définitivement l'esclavage, sans réserves

ni restrictions, et depuis cette époque, il n'y a plus d'esclaves à
Anjouan.

DES ENGAGÉS

Les planteurs Européens qui sont venus s'établir dans
l'archipel des Comores ont introduit dans ces îles le régime de
l'engagement, qui régissait déjà l'emploi de la main d'œuvre
dans les Colonies voisines. Jusqu'en 1895, les engagés de
Mohéli étaient soumis à un régime spécial : c'étaient des
esclaves que leurs propriétaires louaient à M. Sunley pour
l'exploitation de sa propriété ; les salaires étaient partagés
entre les maîtres et les engagés. Depuis que M. Humblot a
pris possession de la plantation Sunley (1ᵉʳ janvier 1896) une
modification profonde s'est produite. En effet, dans l'impossi-
bilité de conserver l'état de choses précédent sans s'exposer à
perdre la qualité de français par application de l'art. 8 du
décret du 27 avril 1848, M. Humblot a introduit à Mohéli le
régime appliqué par la société à la Grande Comore.

A *Anjouan* les engagés sont traités à peu de chose près de la
même façon qu'à la Grande Comore et il n'y a guère de
différence que sous le rapport des salaires, qui sont moins
élevés à Anjouan.

A *la Grande Comore*, le régime des engagés a été réglementé
par une annexe du traité conclu entre Saïd Ali et M. Humblot.
Les clauses de cette convention sont relatives à la durée de
l'engagement, aux conditions du travail et aux salaires. Les
pouvoirs disciplinaires de l'engagiste ne sont pas reconnus par
l'administration.

Cette convention a fixé le minimum de la durée à un an ;
elle n'a pas établi de maximum, mais, en fait, le maximum de
dix ans est établi par la société ; les esclaves libérés signent
un contrat de dix ans.

Les conditions du travail ont été fixées ainsi qu'il suit :

10 heures de travail par jour;

1 jour de repos par semaine;

3 jours fériés par an.

Les salaires des engagés se décomposent :

Engagés libres	Hommes	4 roupies par mois, plus la ration.	
	Femmes	2	—	—
Engagés esclaves	Hommes	1	—	—
libérés	Femmes	1/2	—	...

CHAPITRE VIII

GROUPE DES ÎLES GLORIEUSES

Le groupe des îles Glorieuses, qui se compose de deux îles, l'île Glorieuse et l'île du Lys, distantes de six milles environ, a été occupé au nom de la France le 23 août 1892 et placé sous la dépendance de Mayotte. Il est situé entre le 11e et le 12e latitude Sud et au 45e longitude Est.

La garde du pavillon y est confiée à un français, M. Caltaux, qui est concessionnaire des îles et habite depuis 1892, avec sa femme, l'île Glorieuse.

M. Caltaux possède à son service un domestique créole et sa femme, plus quarante travailleurs malgaches de Nossi-Bé, Anjouanais ou Makois qu'il emploie à l'exploitation du guano.

Sur la plage Nord-Ouest de l'île, plage de sable d'une éblouissante blancheur où l'accostage pour les petites embarcations est des plus faciles, s'élève un mât de pavillon à côté d'un grand hangar à guano. A gauche du mât, en venant du large, on aperçoit un bouquet de filaos : à droite sont 4 ou 5 filaos espacés, et à 50 mètres en arrière, la maison de M. Caltaux.

CLIMAT

Le climat des îles Glorieuses est très sain ; il n'y a ni marigots, ni palétuviers, ni moustiques et par suite les fièvres y sont inconnues. Il y fait généralement calme.

Du 15 avril au 15 décembre, les vents sont toujours de la partie Sud-Est au Nord-Est en passant par l'Est. Les deux mouillages sont très bons.

Du 15 décembre au 15 avril, il est difficile de rester au mouillage, car des coups de vent sont à redouter.

On trouve dans la grande île d'excellente eau douce fournie par des puits creusés dans le sable.

PRODUCTIONS DE L'ILE

M. Caltaux a déjà planté environ 10.000 pieds de cocotiers genre chinois, à tronc épais et peu élevé.

Malheureusement le cyclone de 1898 a renversé des arbres magnifiques et même modifié la configuration de la plage Ouest de l'île.

Depuis 1898, M. Caltaux exploite le guano avec succès ; des voiliers venant de Maurice le portent dans cette île où il est très demandé pour les plantations de cannes : 1.400 tonnes ont déjà été exportées.

De janvier à juin de nombreuses tortues franches ou *caouanes* viennent pondre sur le sable des plages : c'est le fond de la nourriture des habitants. D'octobre à février, c'est la saison des tortues Caret à écaille précieuse.

Quant à l'île du Lys, elle est inhabitée et ne possède pas d'eau douce ; elle sert en revanche d'asile à d'innombrables oiseaux de mer.

CONFIGURATION DU SOL

L'île Glorieuse est un ancien attole ; au bord de la mer sont des plages de sable très fin et très blanc formé de corail pulvérisé. Elle est bordée de dunes boisées et l'intérieur, également très boisé, est constitué à la surface par du corail appelé *platui* (corail cuit par le guano). La roche est recouverte d'une couche séculaire de guano.

Sans être pur comme celui du Pérou, à cause des pluies qui en le lavant modifient sa composition, le guano des Glorieuses contient encore 25 0/0 d'acide phosphorique. Aussi le but de son exploitation est l'extraction de cet acide phosphorique qui rapporte 75 francs par tonne.

Pendant la saison des pluies, la végétation est très touffue ; la couche d'humus naturel qui existe permet presque toutes les cultures. Au-dessous du *platui* dont l'épaisseur n'excède pas un mètre, on retrouve le sable.

CULTURES

Le maïs vient très bien dans l'île Glorieuse, les melons, les citrouilles, les oignons croissent tout seuls.

Les cocotiers et le cotonnier y prospèrent également.

FLORE

On remarque l'arbre à soude dont l'écorce sert à faire de bon savon, le papayer, le mapon, le filao, bois de charpente, le sapin des îles de la famille des caoutchoucs, le porché, sorte de bois de camphre donnant de bonnes planches, enfin le cocotier dont le revenu annuel varie de 2 à 5 francs.

FAUNE

Pas de serpents, quelques lézards inoffensifs, des colibris, des oiseaux de mer en grande quantité, des coqs et des poules domestiques devenus sauvages. Les eaux sont très poissonneuses et abondent en espèces excellentes à manger.

CHAPITRE IX

MOYENS DE COMMUNICATION

Les moyens réguliers de transport manquent aux Comores, qui n'ont ni canaux ni rivières navigables. Une embarcation du port effectue un service journalier entre Dzaoudzi et la grande terre et les boutres arabes ou indiens entretiennent la communication entre la Grande Comore, Anjouan et Mohéli.

Mayotte et les Comores sont aujourd'hui reliées à la France par un service de la Compagnie des Messageries maritimes ; le paquebot quitte Marseille le 10 de chaque mois pour la Grande Comore et Mayotte et touche en passant à Port-Saïd, Suez, Obock, Aden et Zanzibar.

Revenant de Maurice (départ le 14),la Réunion, Madagascar et Nossi-Bé, le paquebot passe à Mayotte et à Anjouan le 24 de chaque mois et arrive à Marseille le 15 du mois suivant.

Les prix de passage, nourriture comprise, sont les suivants :

1re classe, 945 francs :

2e classe, 665 francs ;

3e classe, 345 francs ;

4e classe, (Pont) 235 francs ;

4e classe, (Pont) 173 francs (sans nourriture).

Le prix du fret, de Marseille est pour la sortie 60 francs par mètre cube ou tonne.

Par l'Atlantique (de Nantes par le cap de Bonne Espérance) les voiliers chargent à l'aller à 50 francs et au retour à 45 francs. la tonne.

Les vapeurs mettent ordinairement de 20 à 21 jours pour faire le trajet de Marseille à Mayotte ; les voiliers partant de Nantes effectuent le voyage d'aller en 80 jours et celui de retour en 110 jours.

L'Administration se préoccupe d'autre part, d'organiser un service régulier de bateaux entre Zanzibar, Mayotte et la Grande Comore avec escale à Anjouan ; ces colonies seraient également reliées avec Nossi-Bé et Madagascar par un service annexe qui rendrait de grands services au commerce de ces régions.

NOTICE SUR MAYOTTE ET LES COMORES

OUVRAGES ET DOCUMENTS QUI ONT SERVI A LA RÉDACTION DE CETTE NOTICE

Elisée Reclus (Géographie universelle).
A. Gevrey (Essai sur les Comores).
De Flacourt (Histoire de Madagascar).
Marquis de Faymoreau (Les grandes cultures à Mayotte).
Basset, auditeur au Conseil d'Etat (extraits des rapports de la Commission des Comores) (1896).
A. Delteil (Cultures de la vanille).
V. Monestier (Notes sur les Comores).
Rapport d'inspection 1808-1899.
Gaboriaud, explorateur, notes sur Mayotte.
Correspondance officielle de la colonie.
Meunier (cartes des Comores).

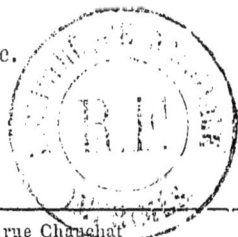

Paris. — Imprimerie Alcan-Lévy. 24, rue Chauchat

SULTAN d'Anjouan

Mayotte et Comores

www.ingramcontent.com/pod-product-compliance
Lightning Source LLC
Chambersburg PA
CBHW070619100426
42744CB00006B/545